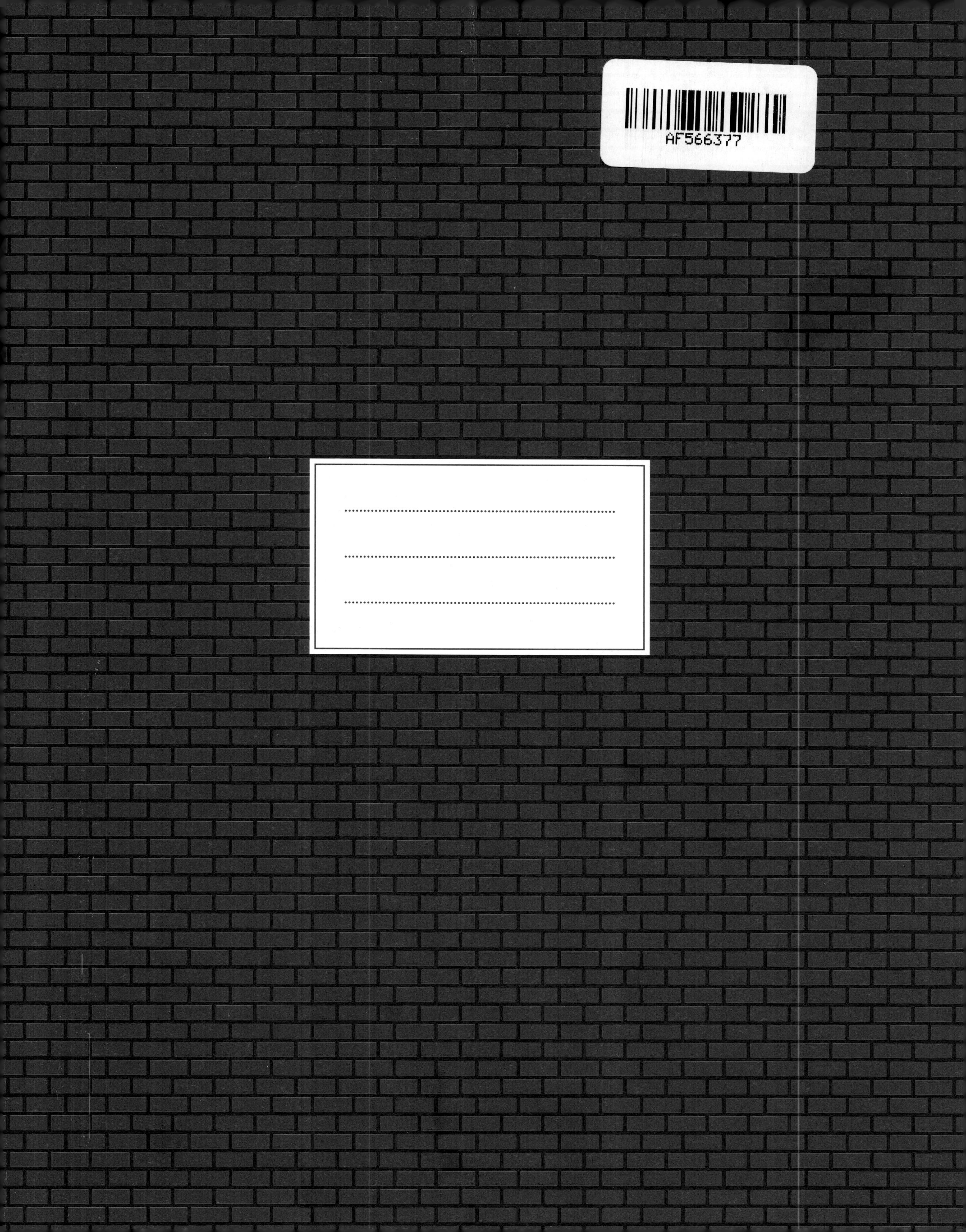

Frank Flöthmann

Helden ohne Worte

FRANK FLÖTHMANN

HELDEN OHNE WORTE

DUMONT

Für meine Mutter,
die mir gezeigt hat, wie man Donald Duck zeichnet,
und mir ein Spiderman-Kostüm genäht hat.

Robin Hood

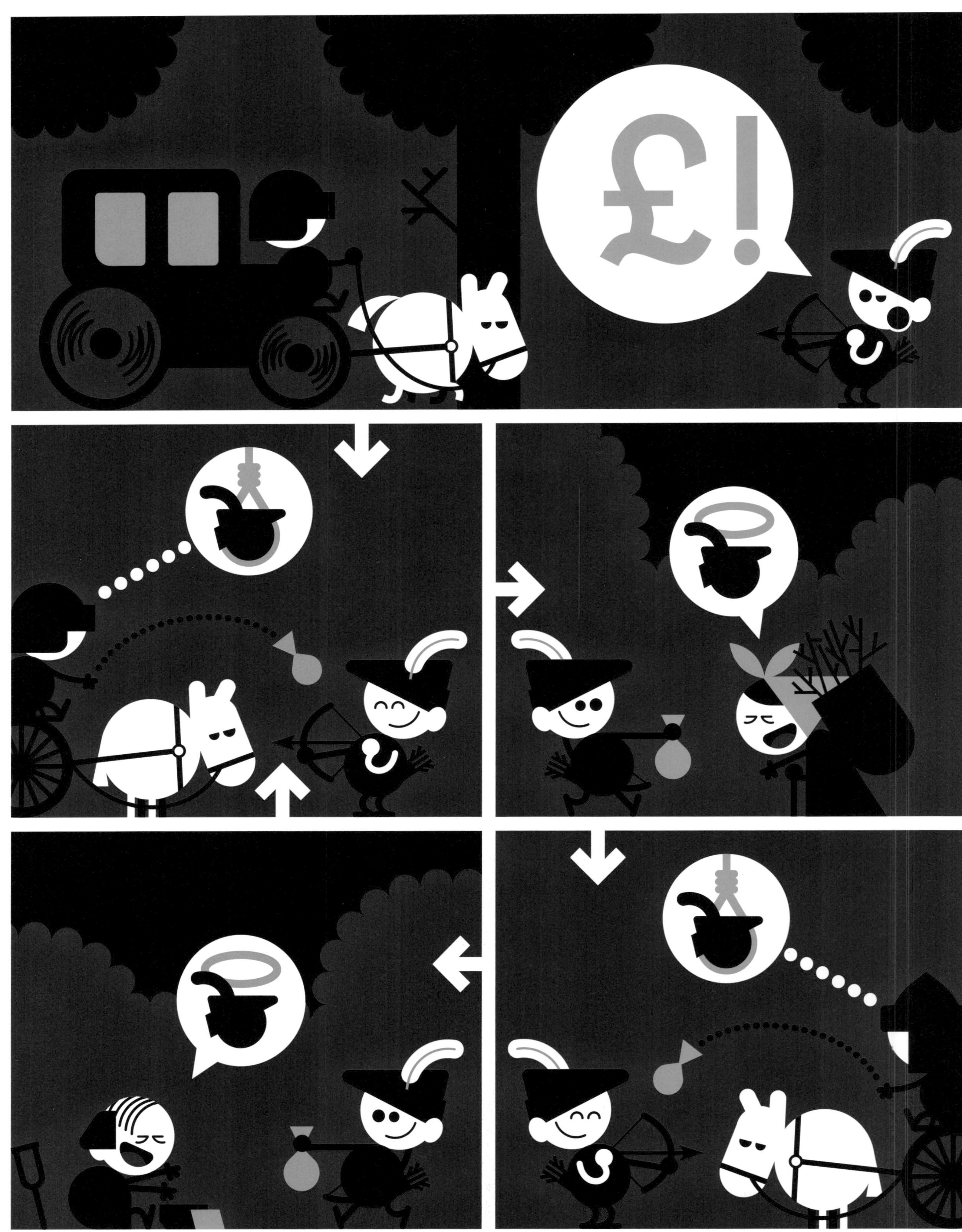

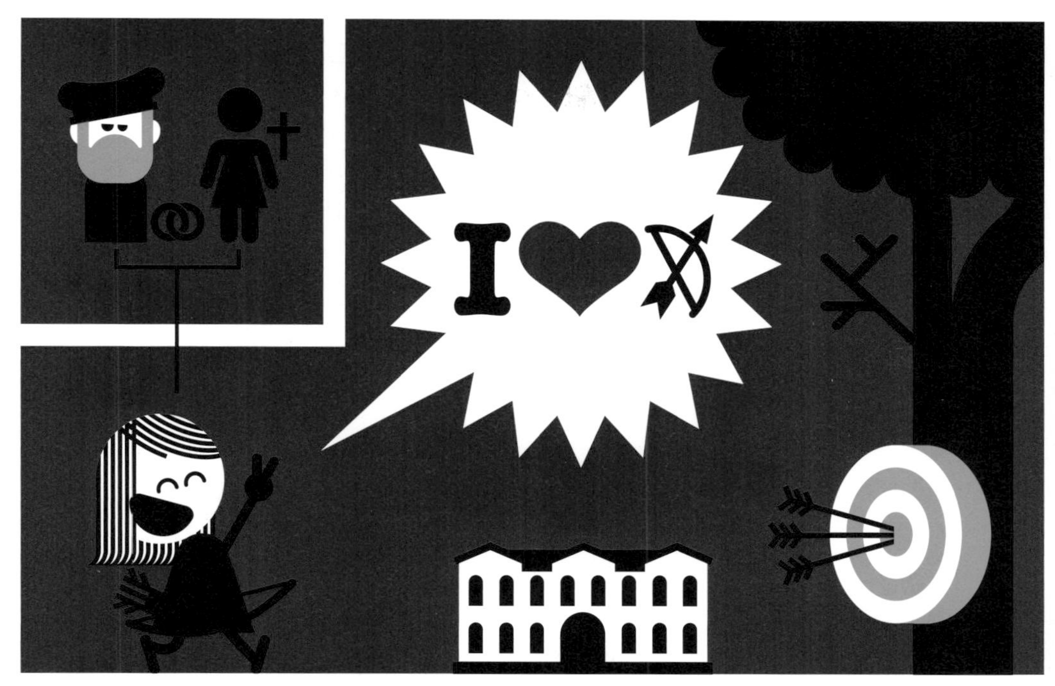
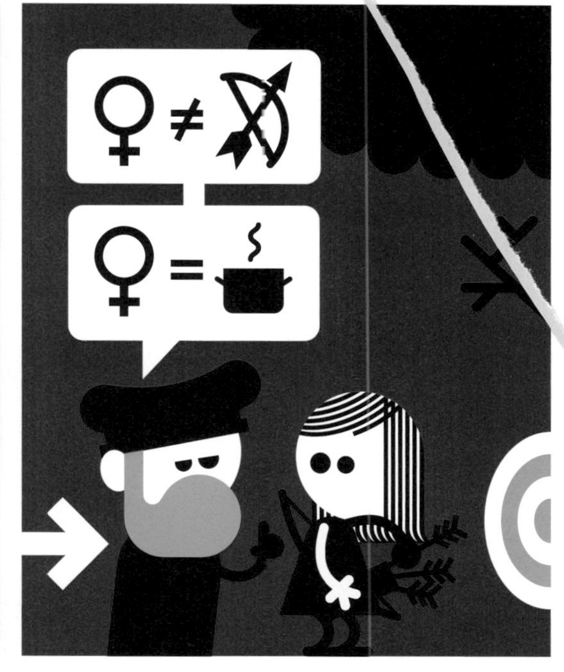

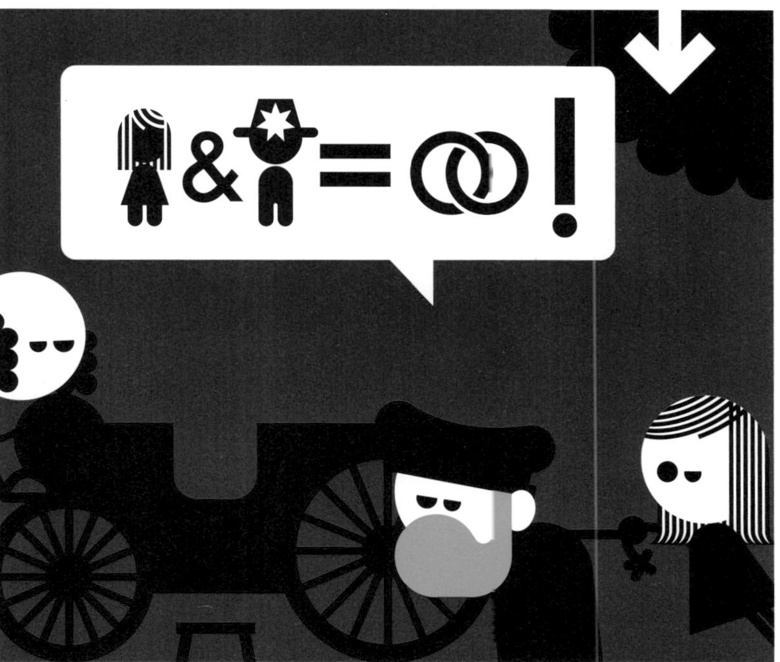
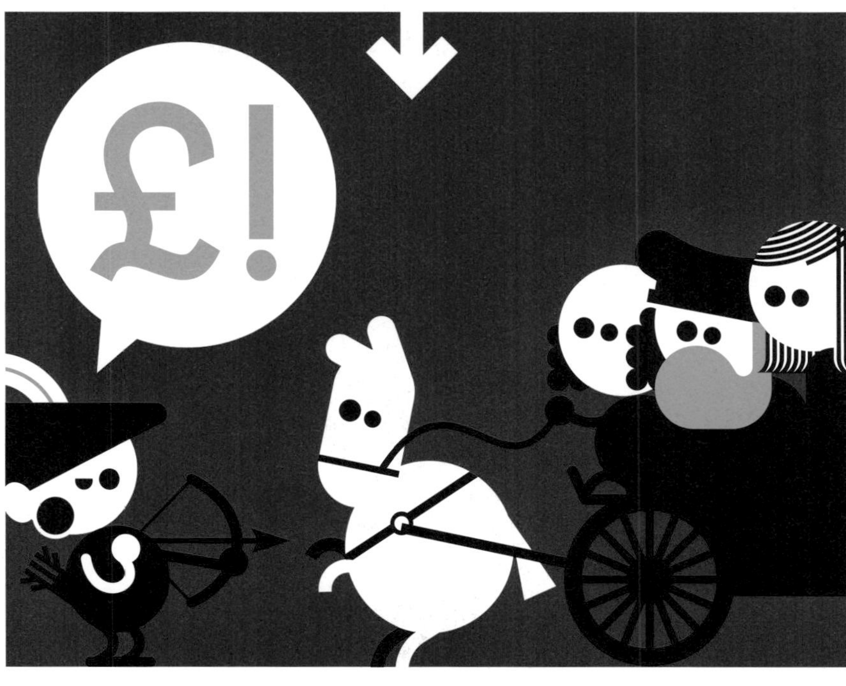

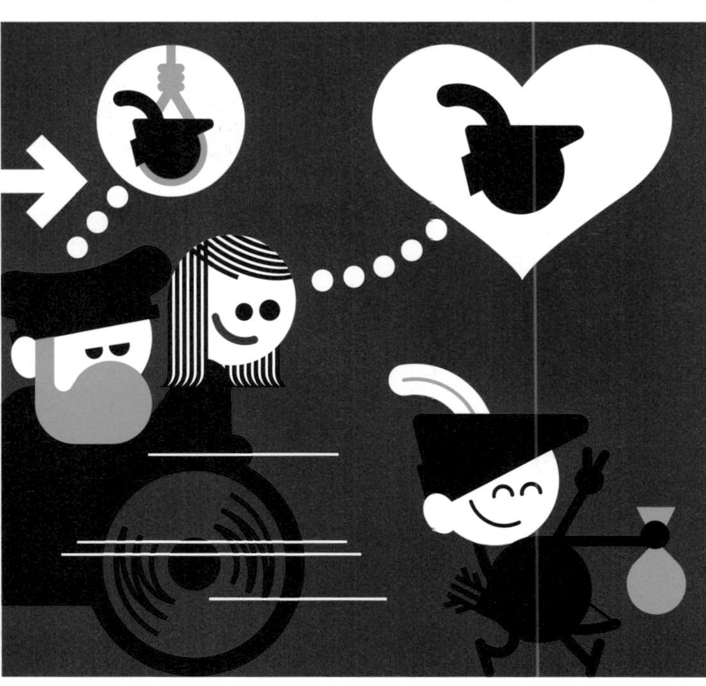

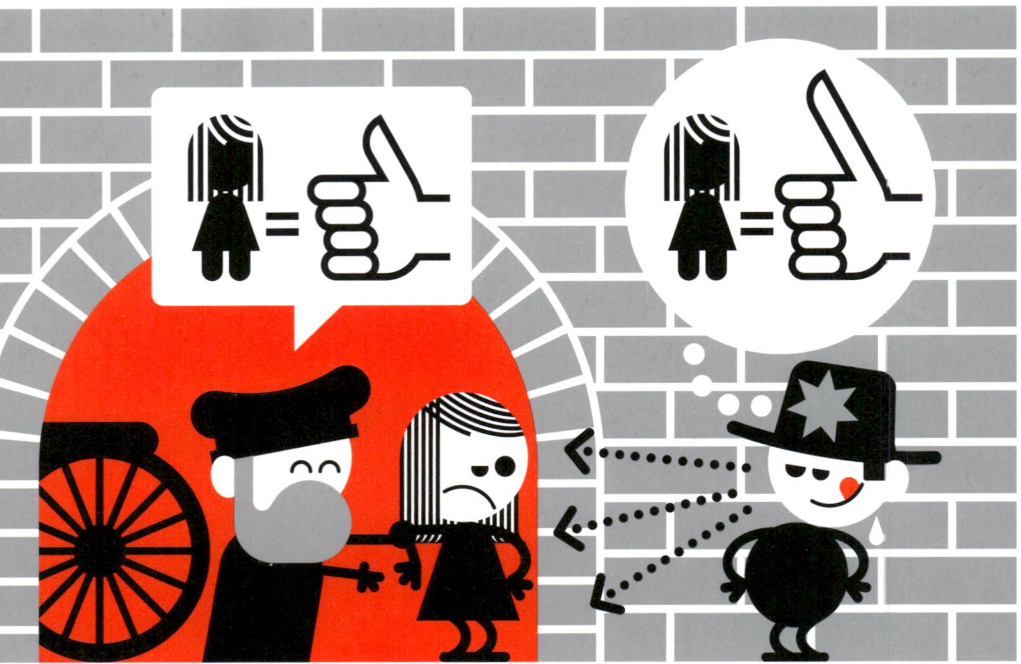
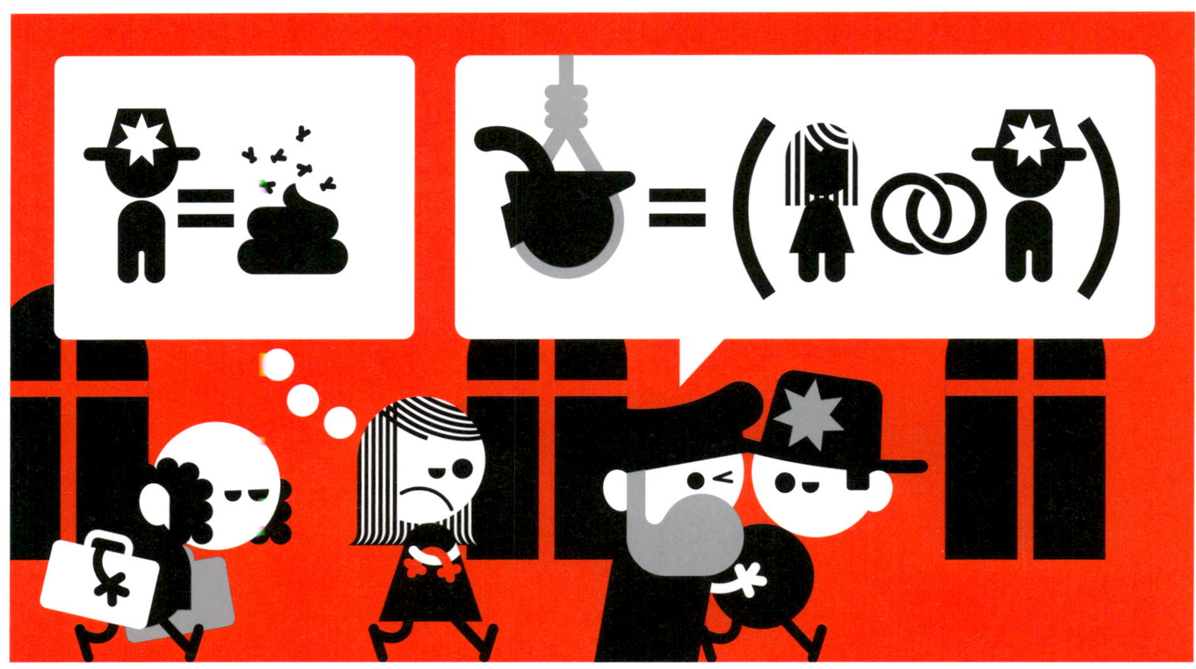
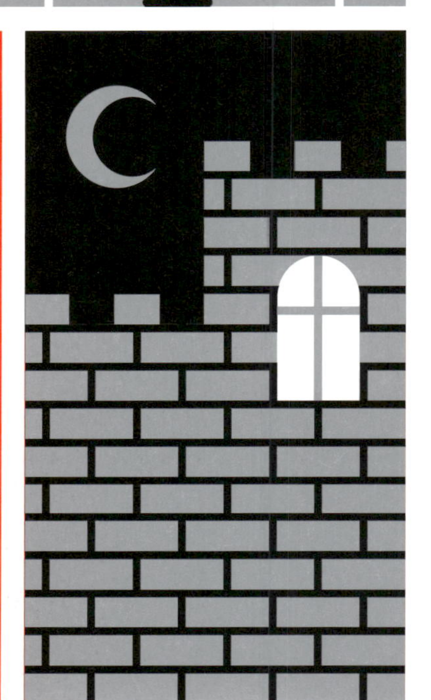
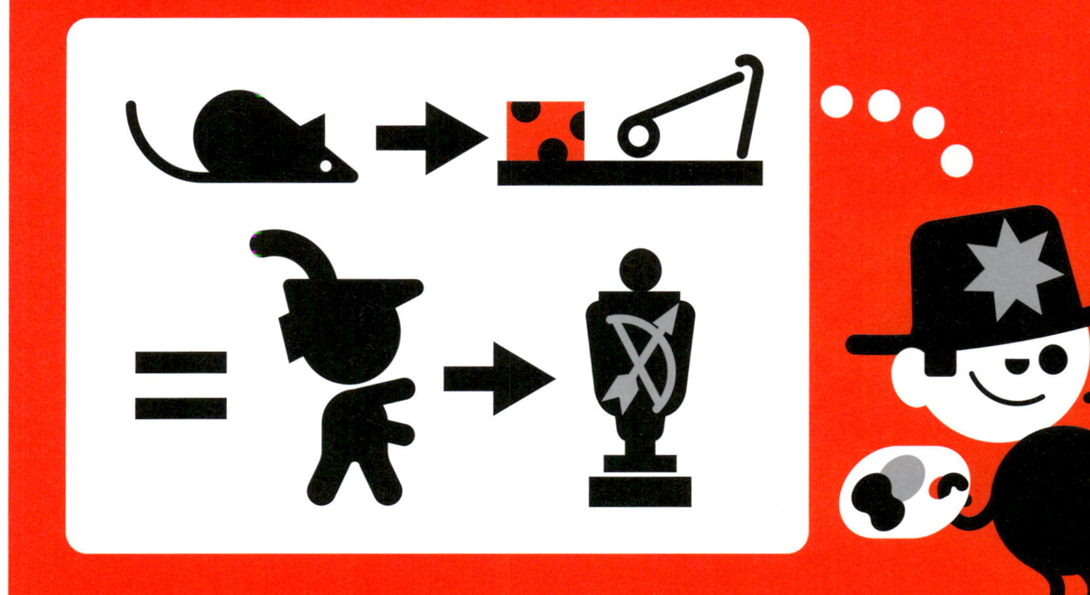

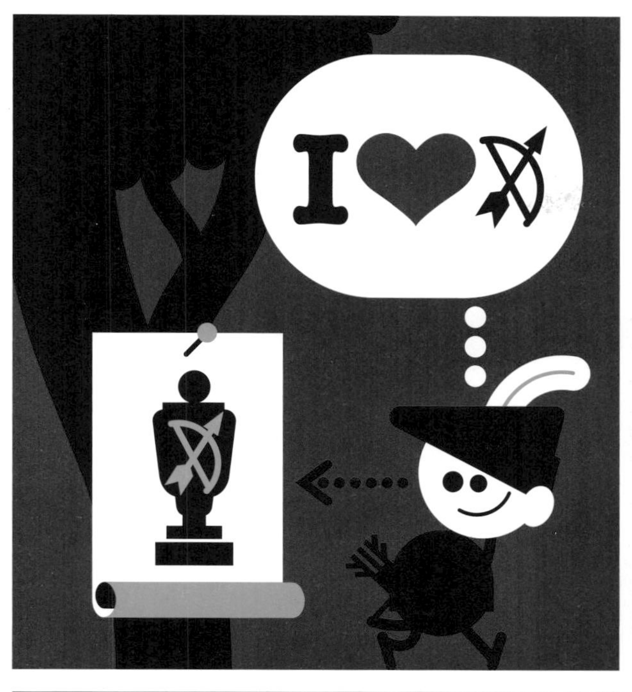
I

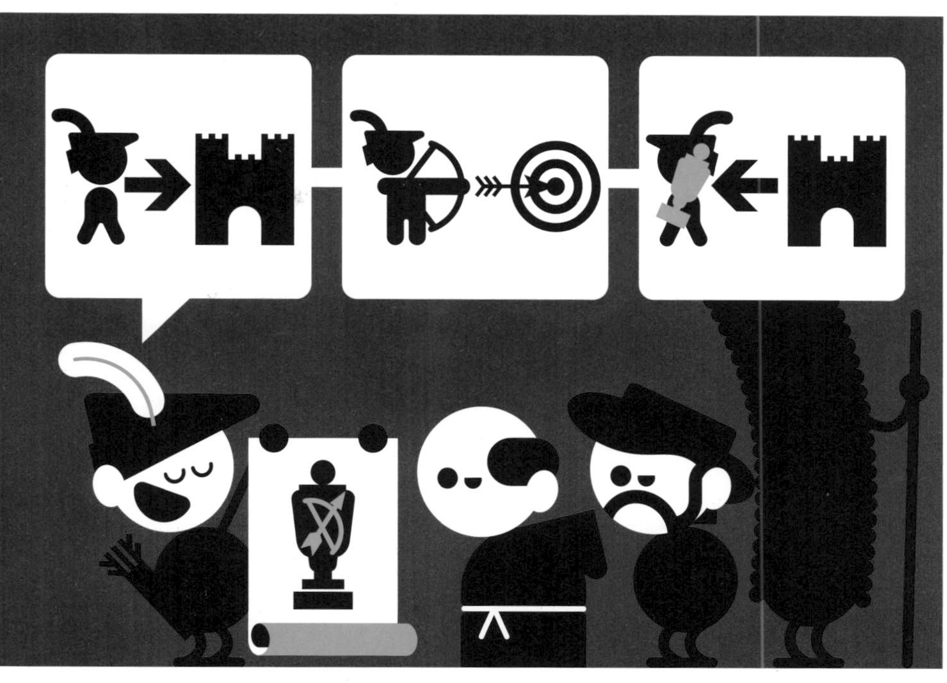

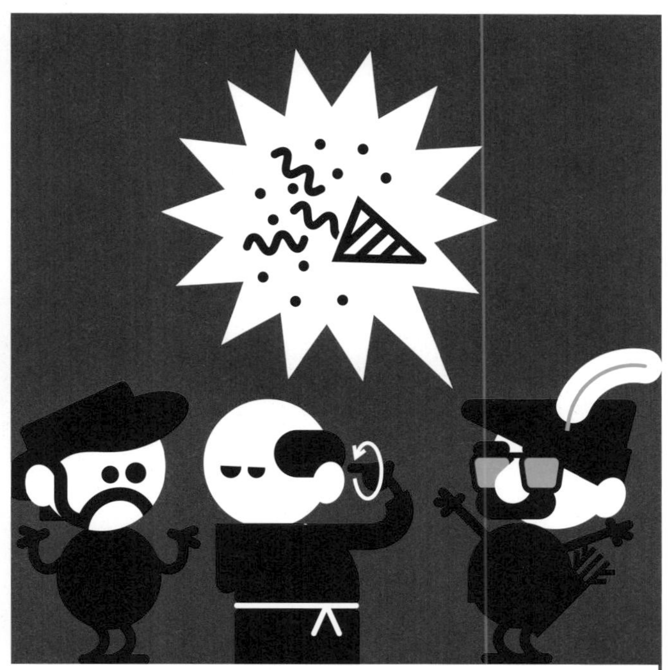

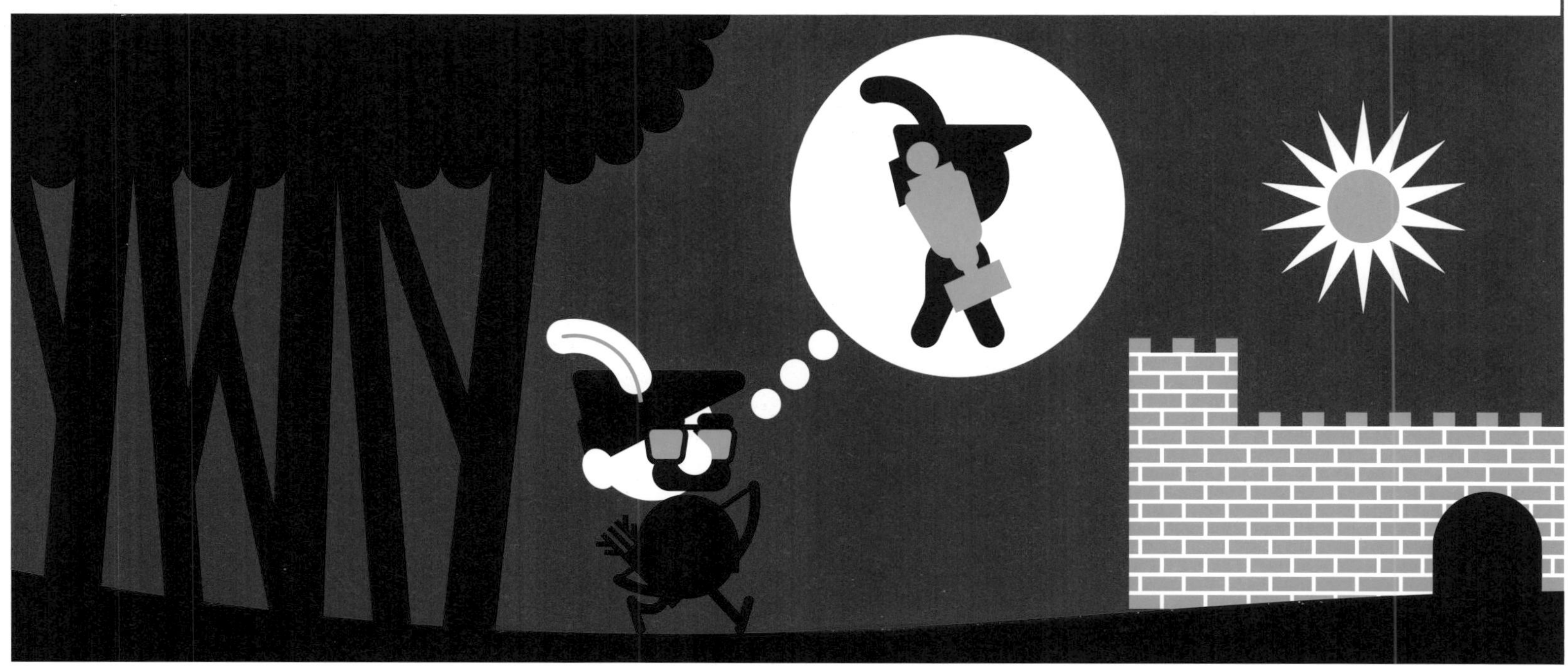

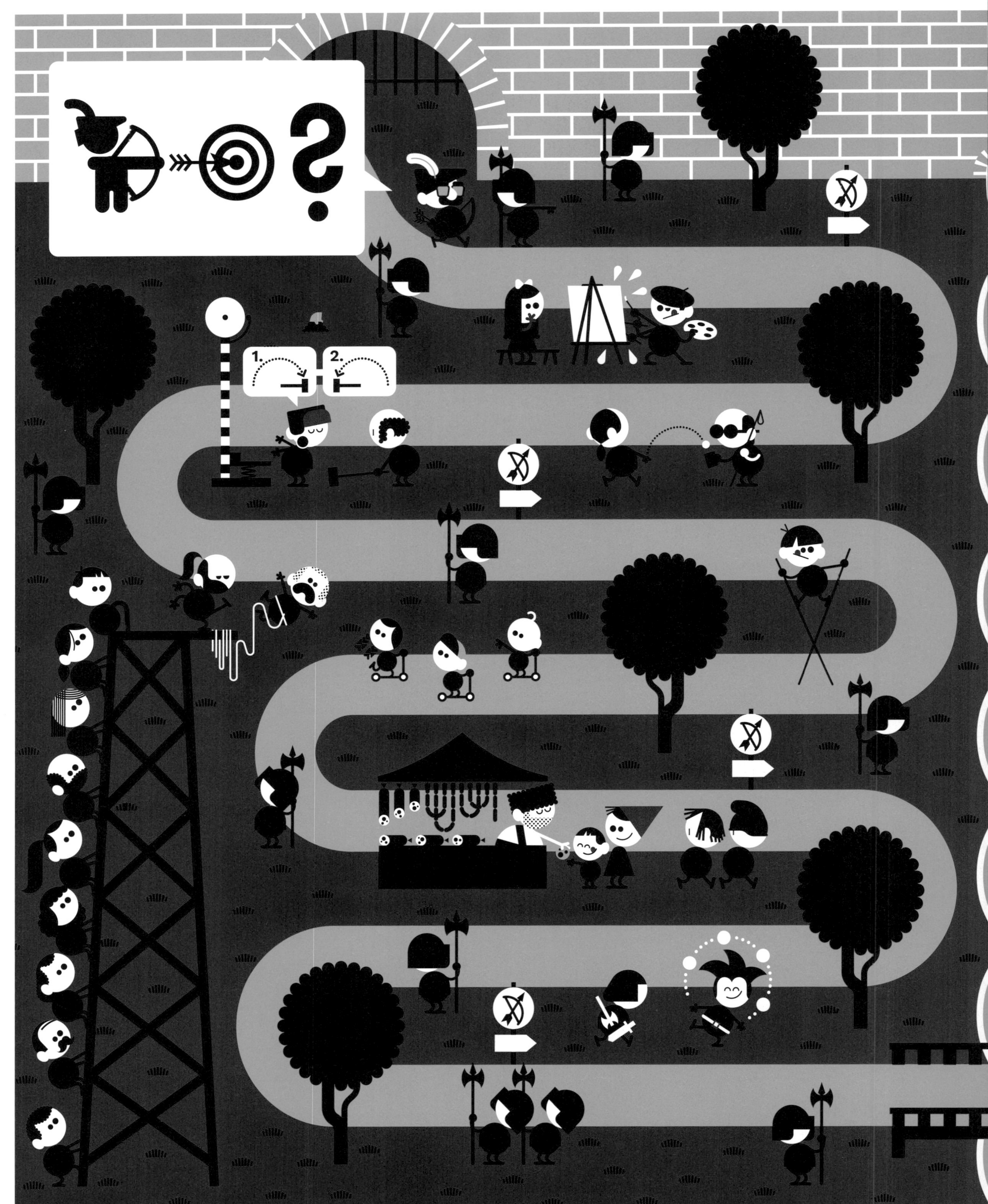
1.
2.

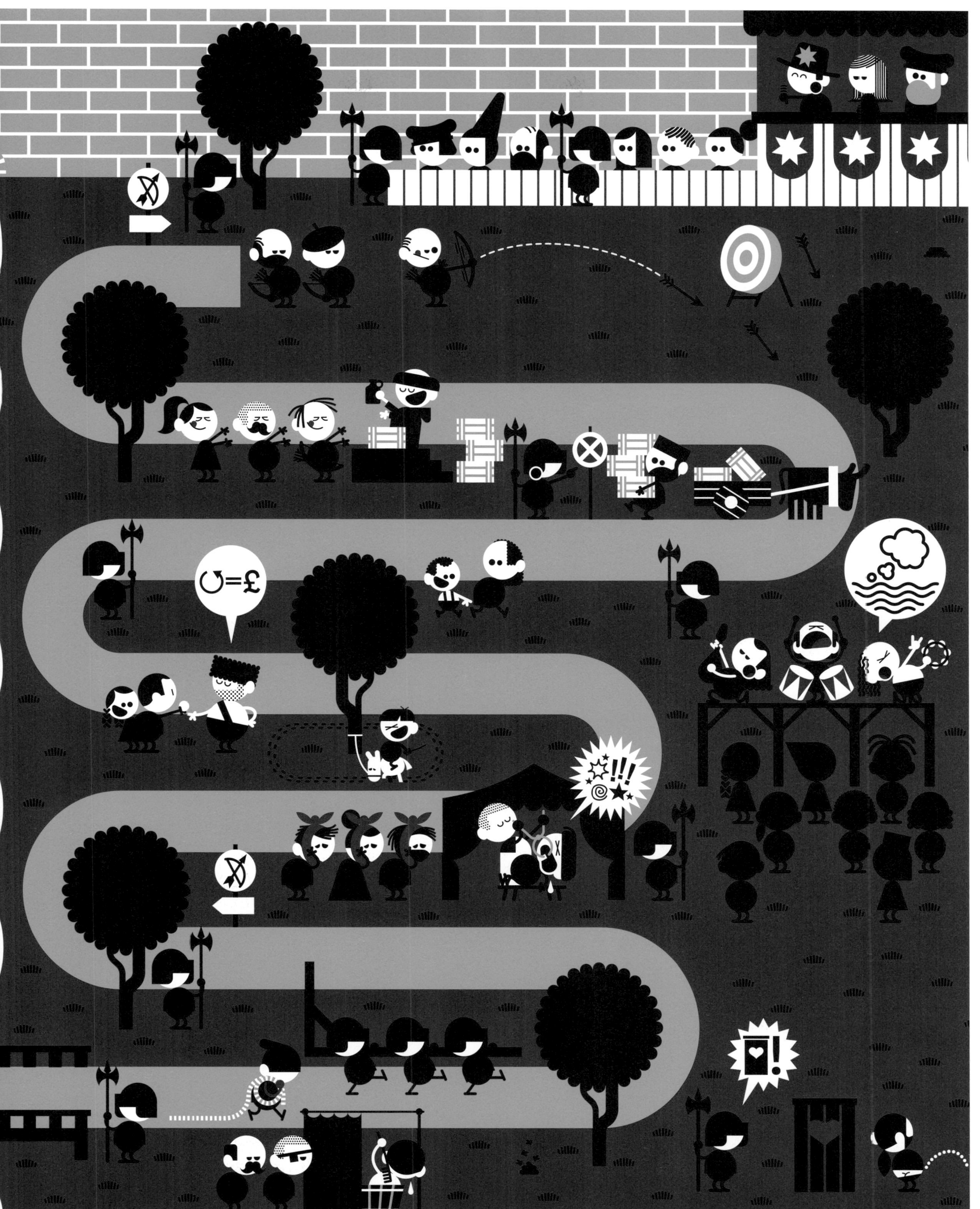

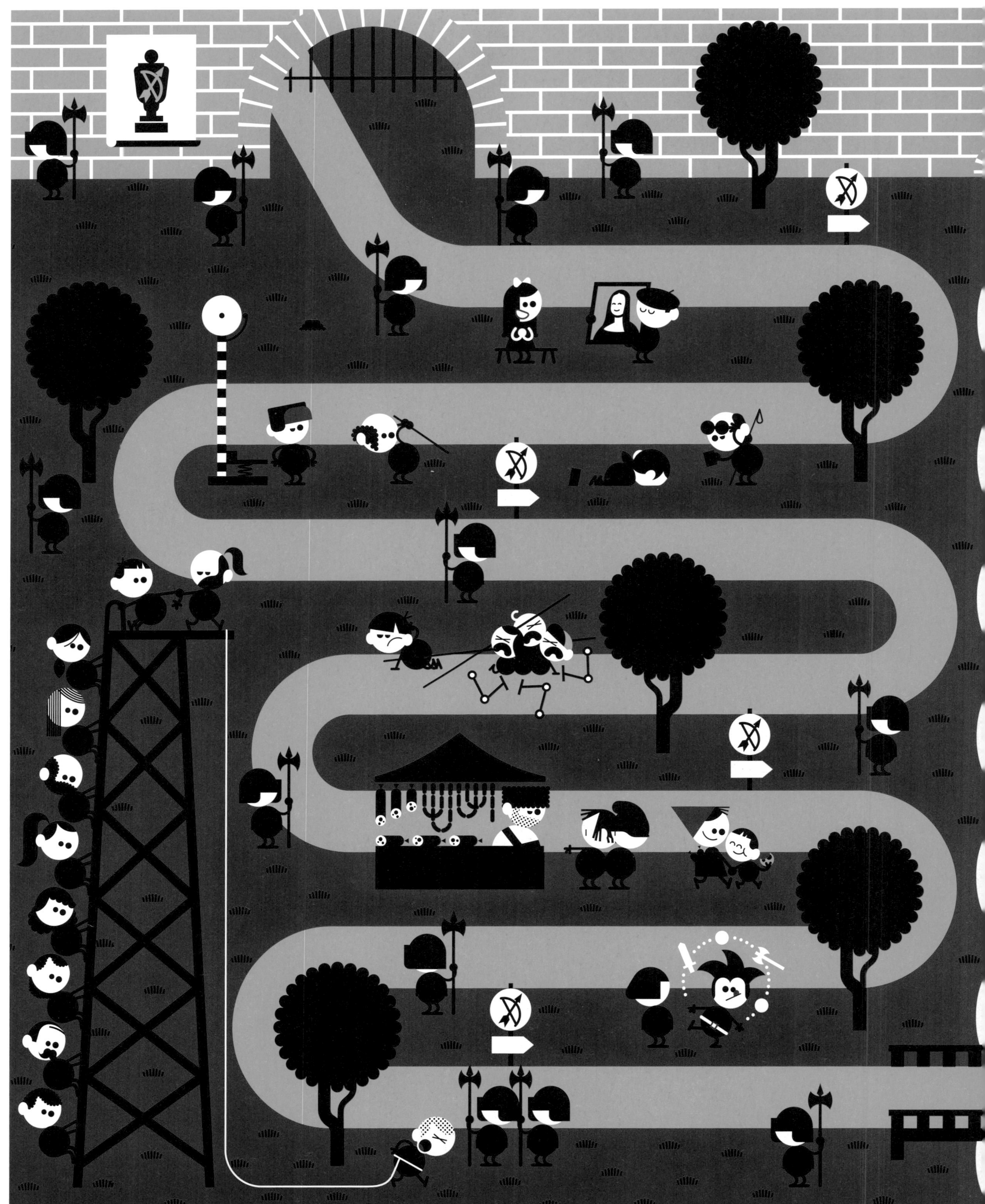

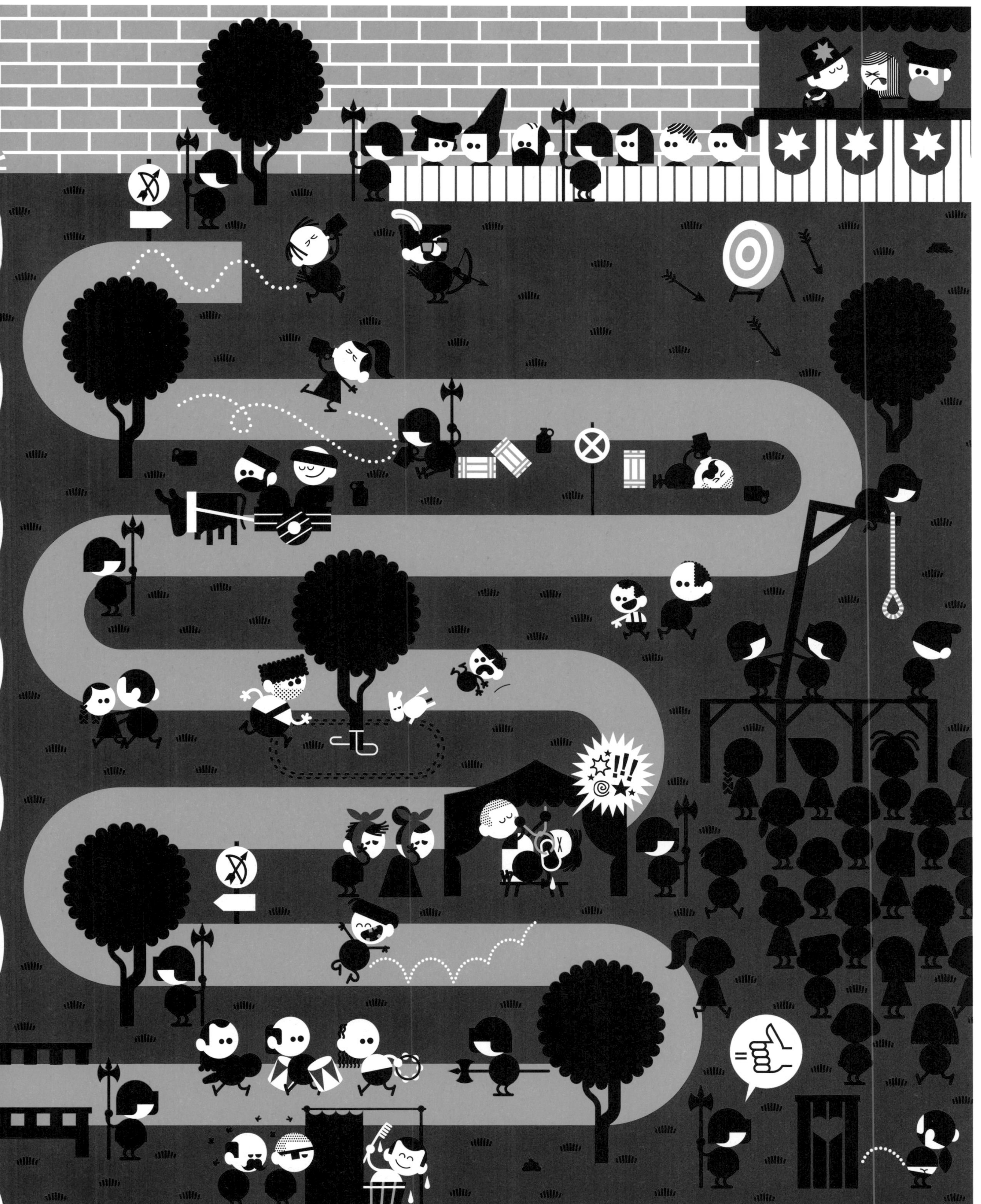

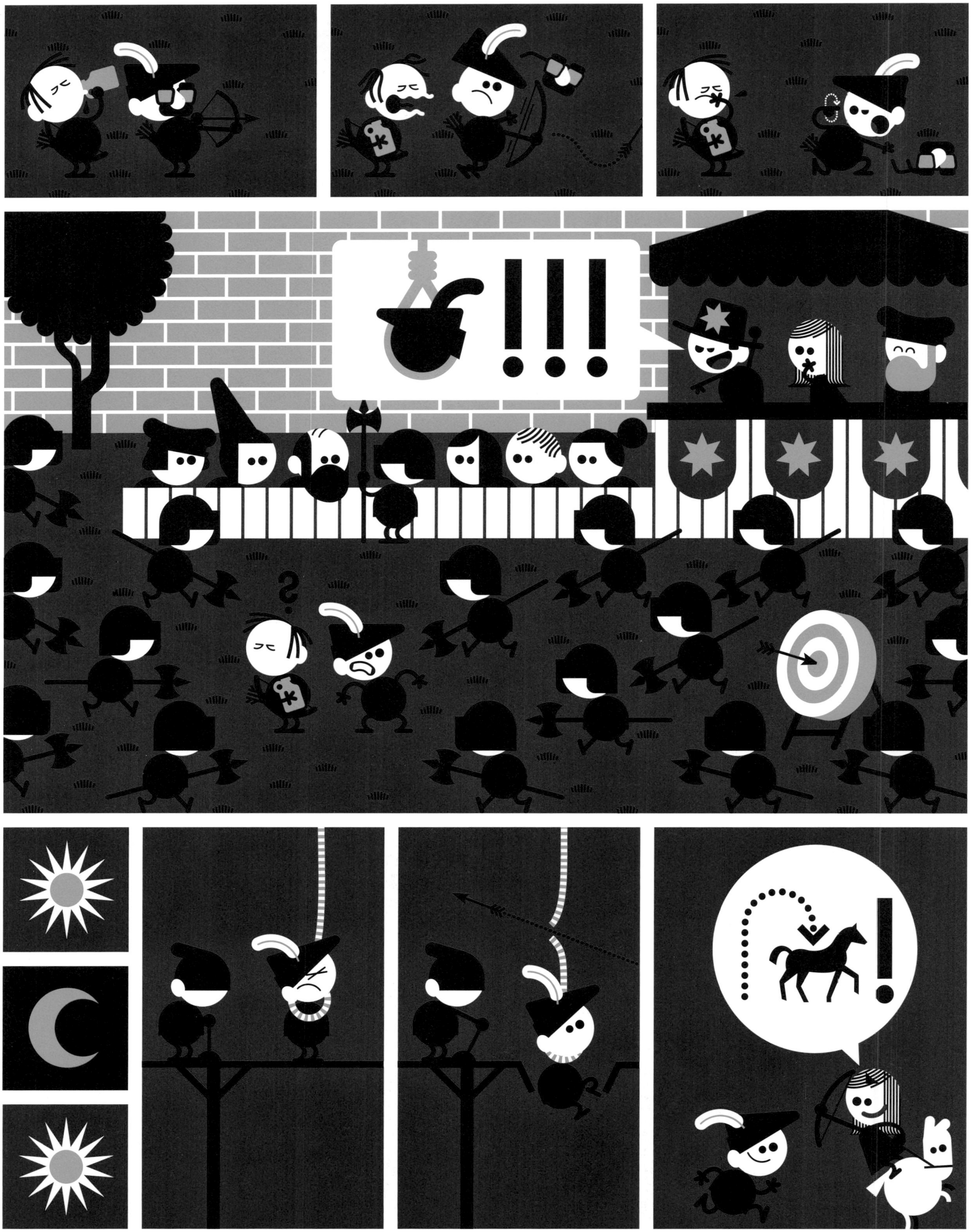

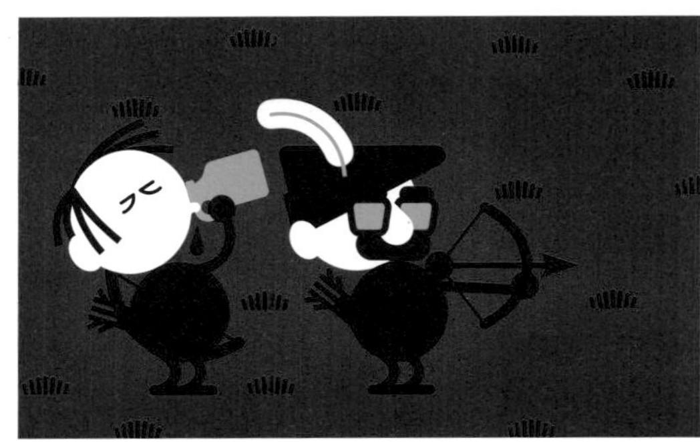

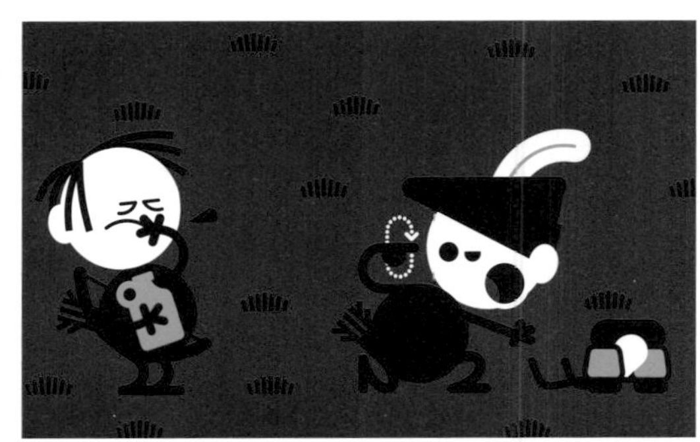
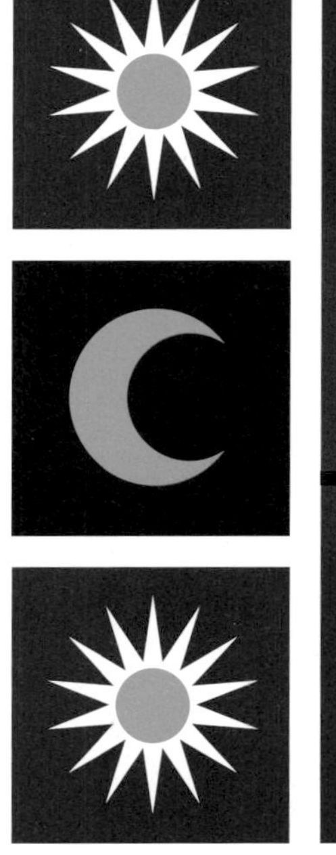
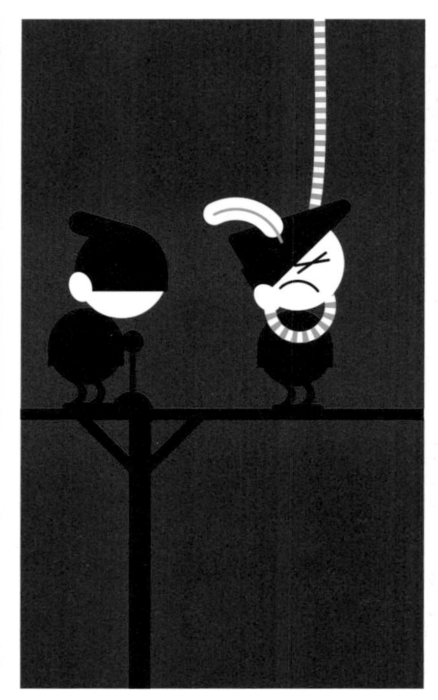
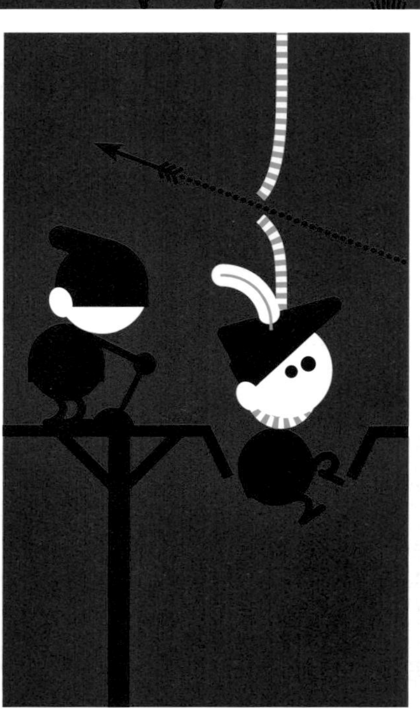
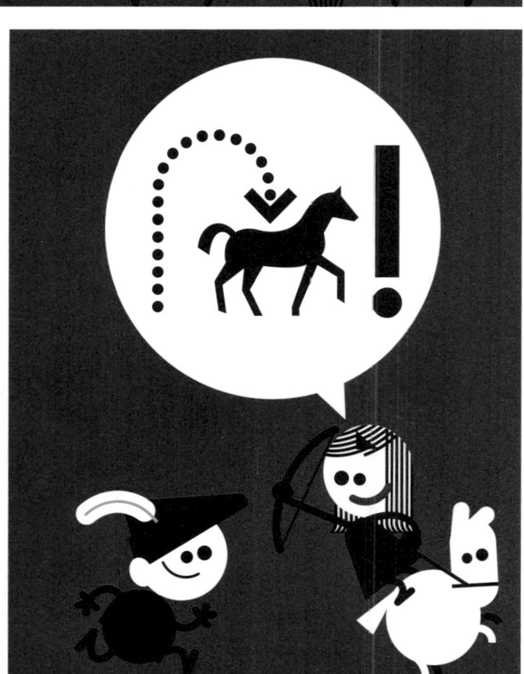

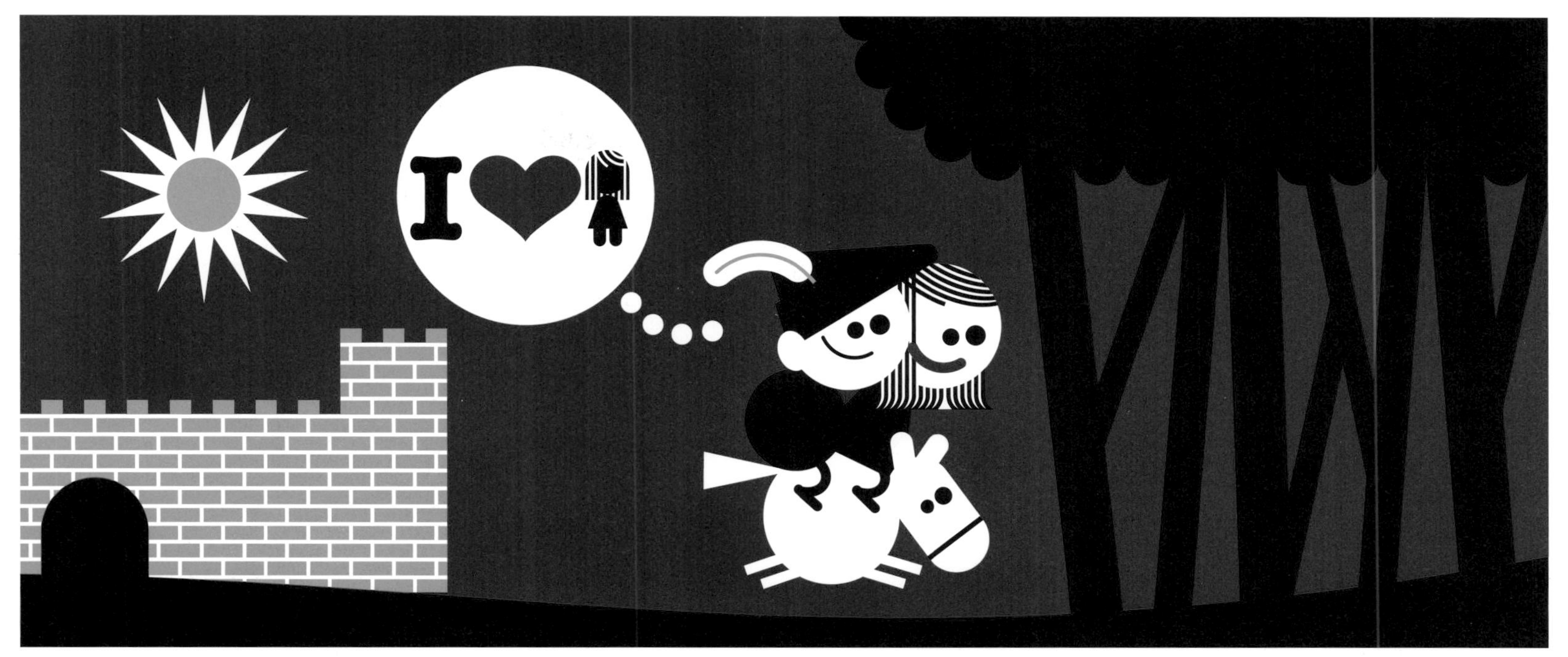
I

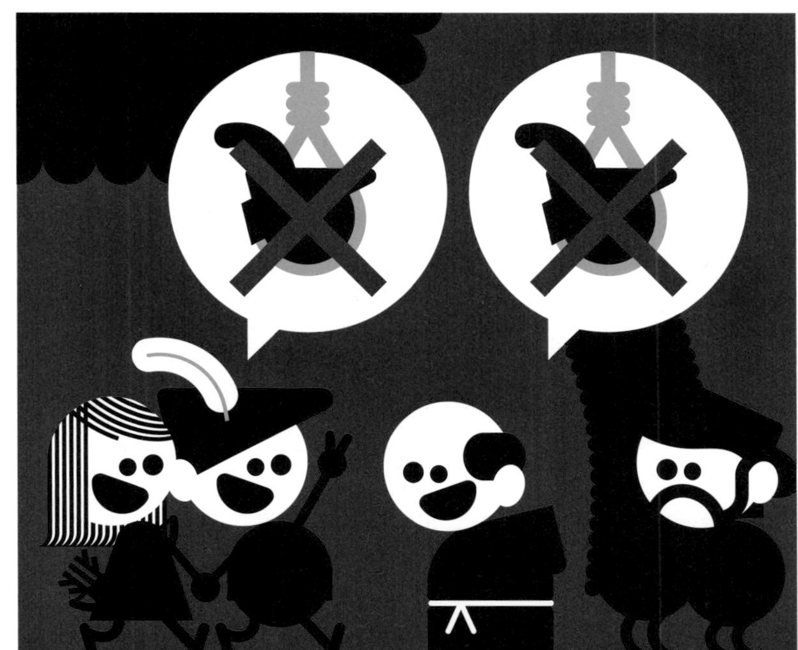

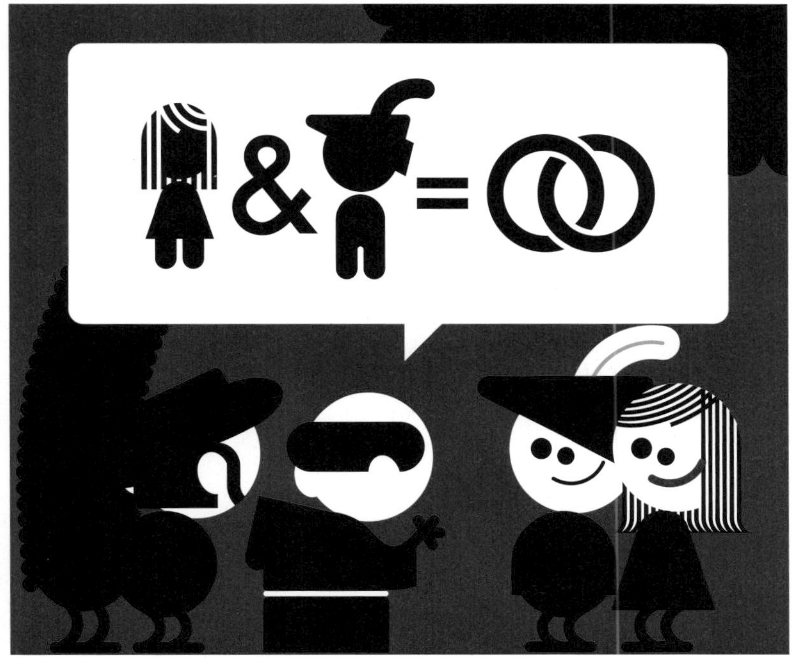
& =

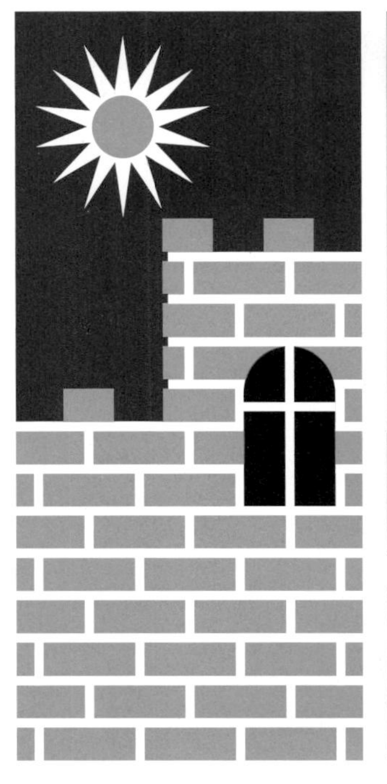

I

I

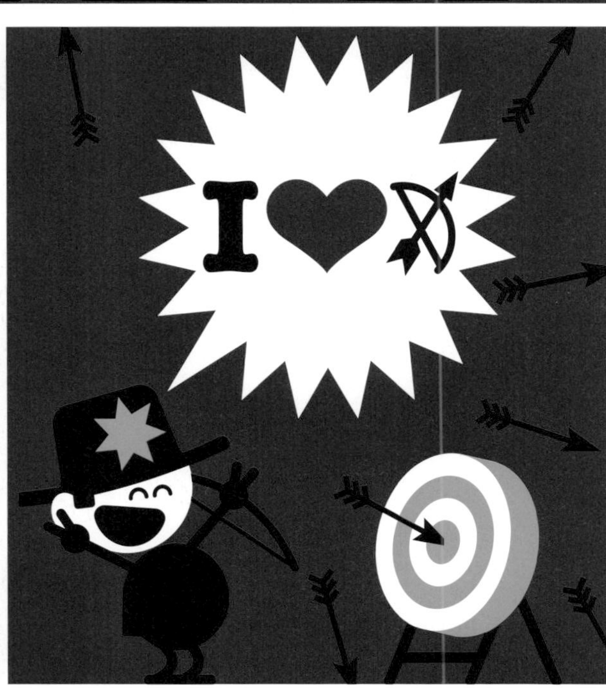
I

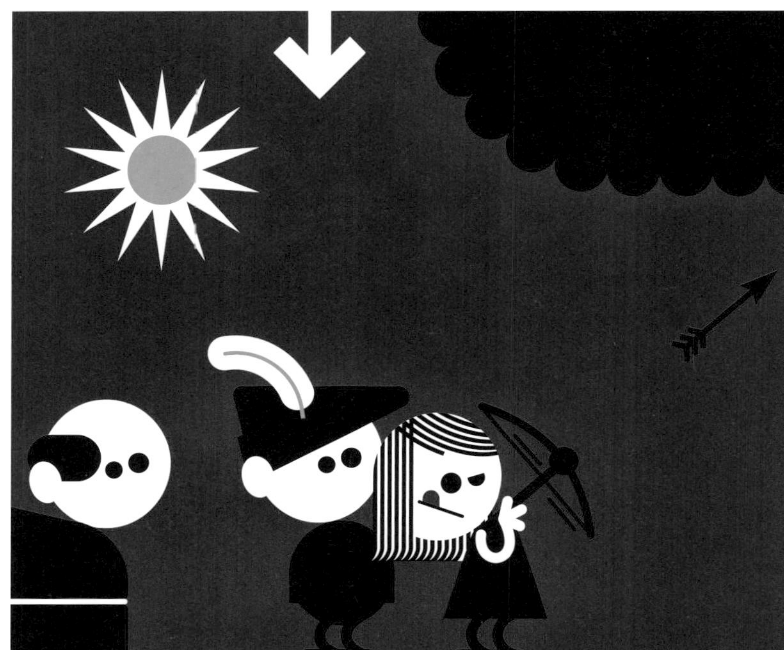

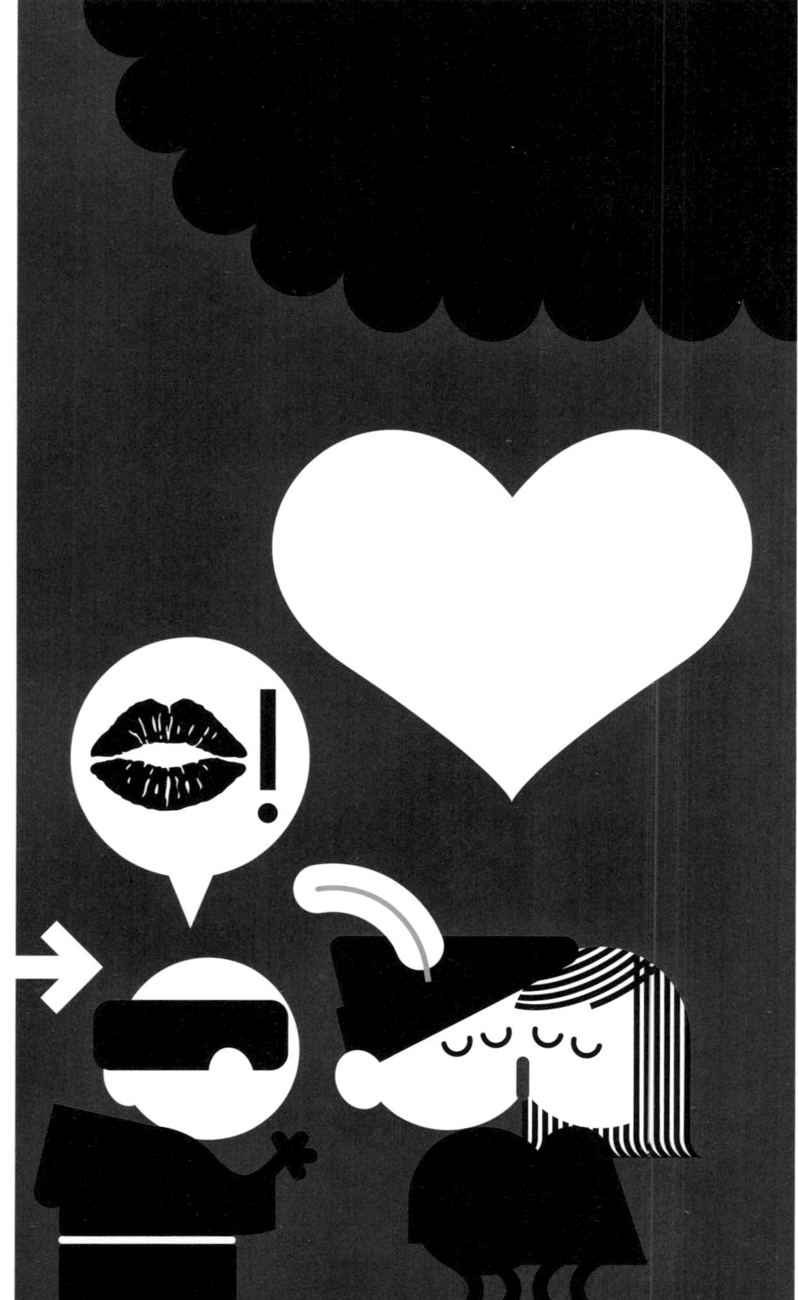

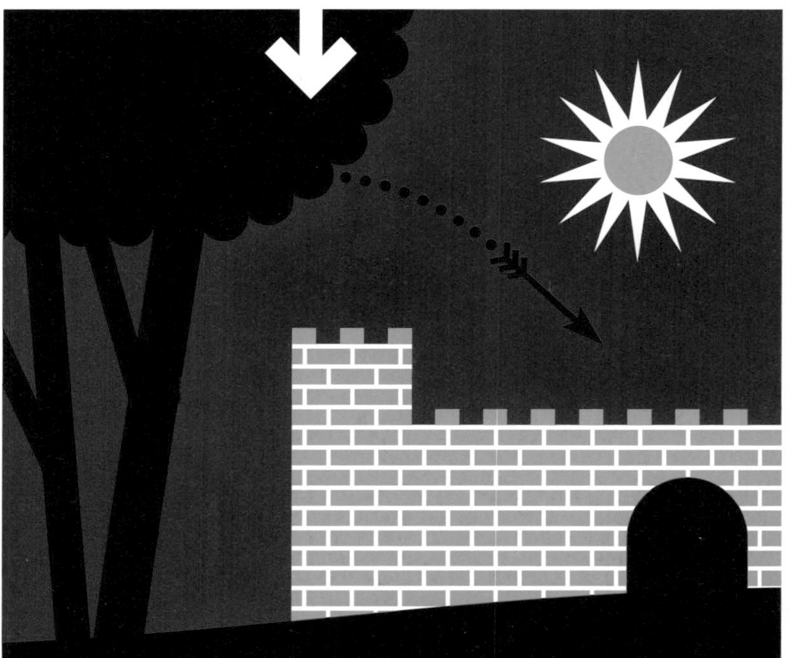

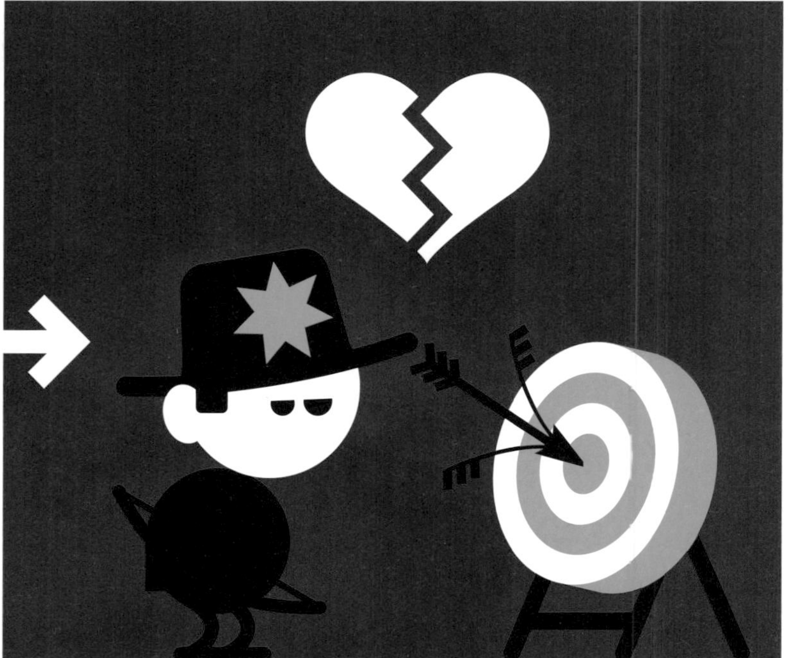

ENDE

Odysseus

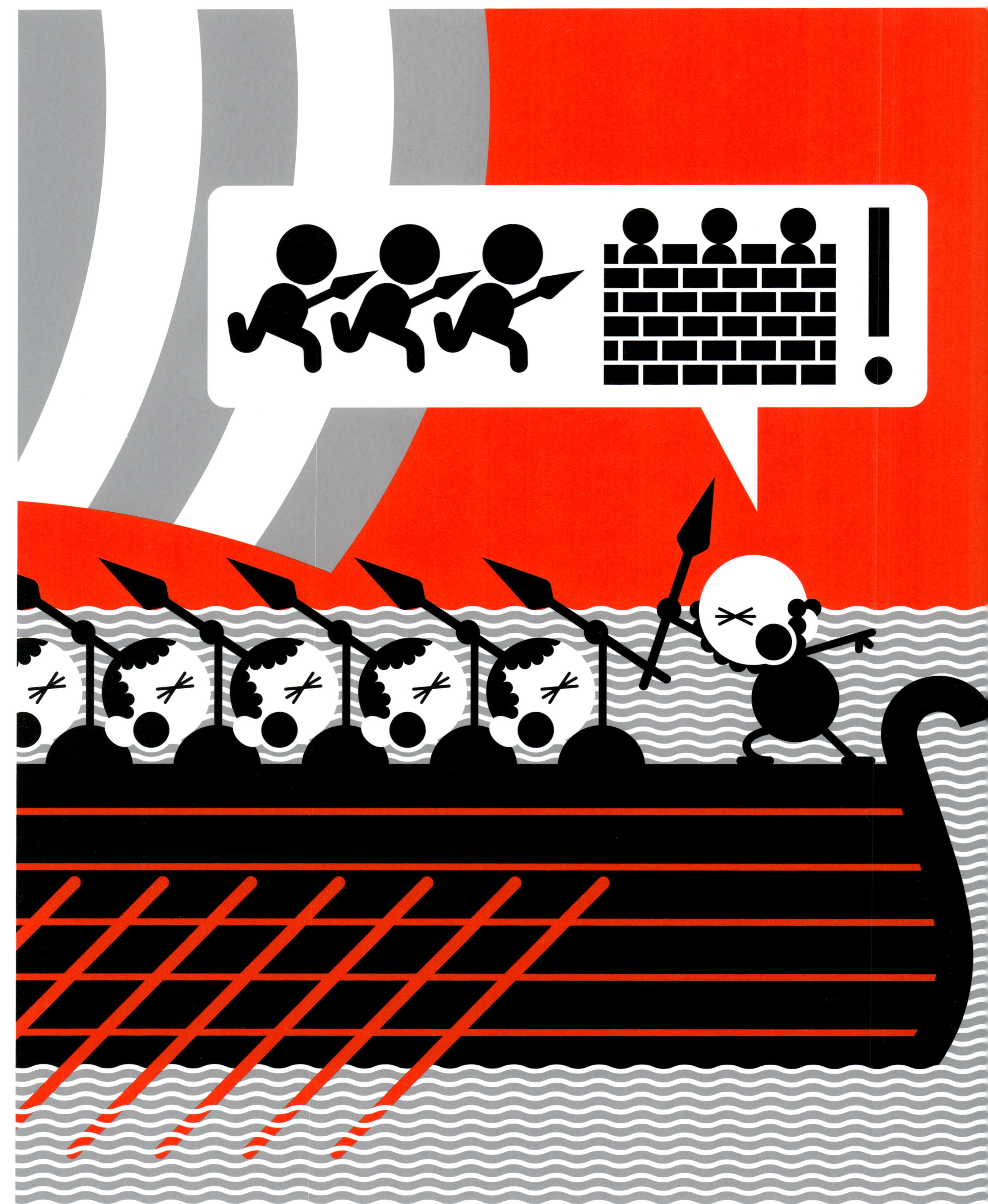

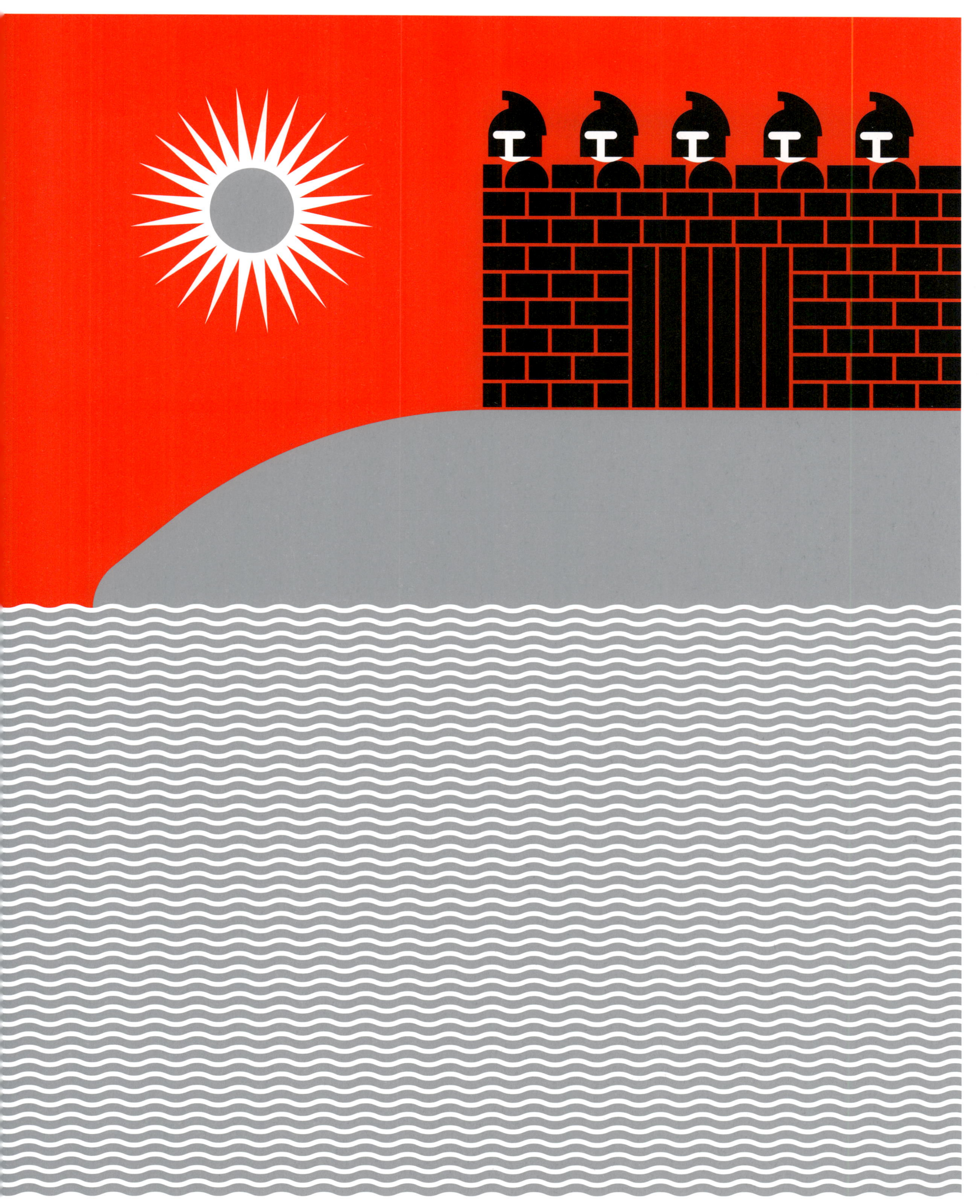

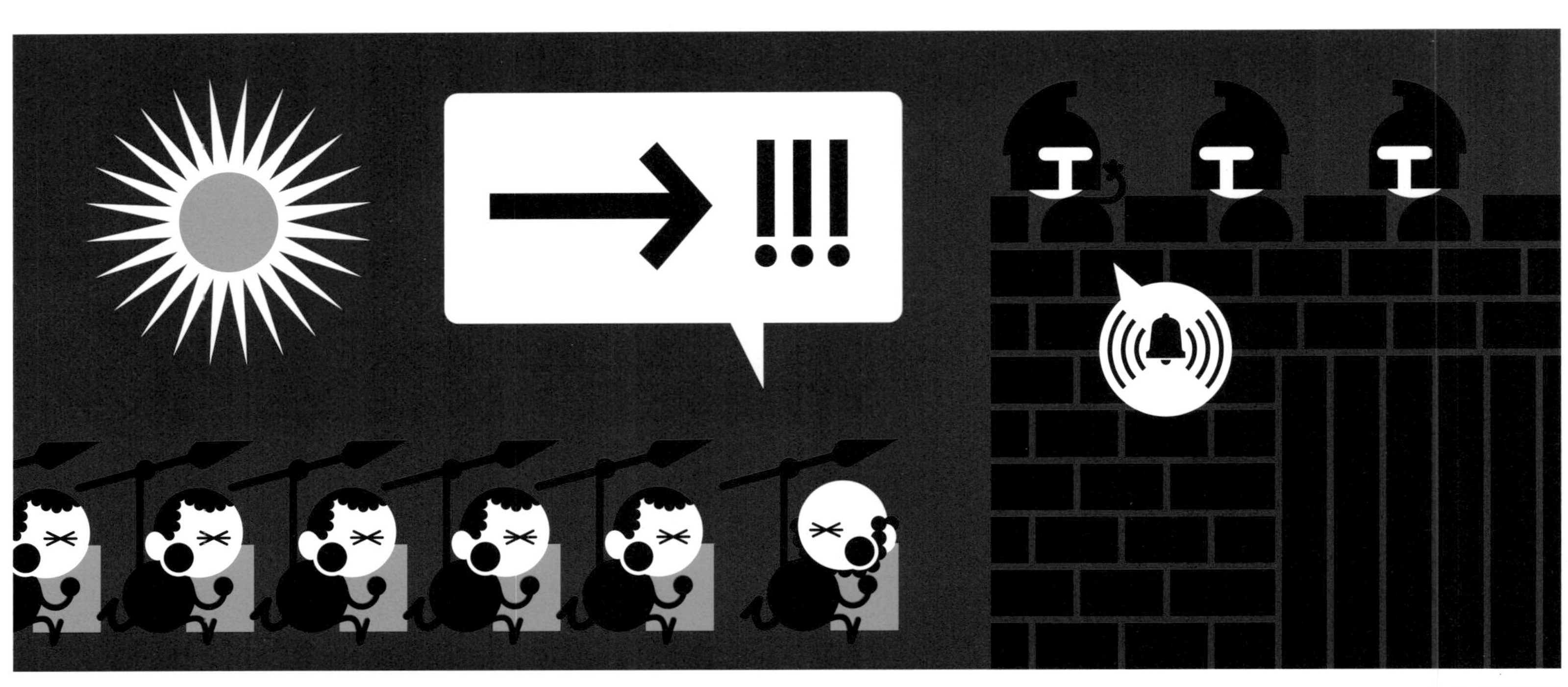

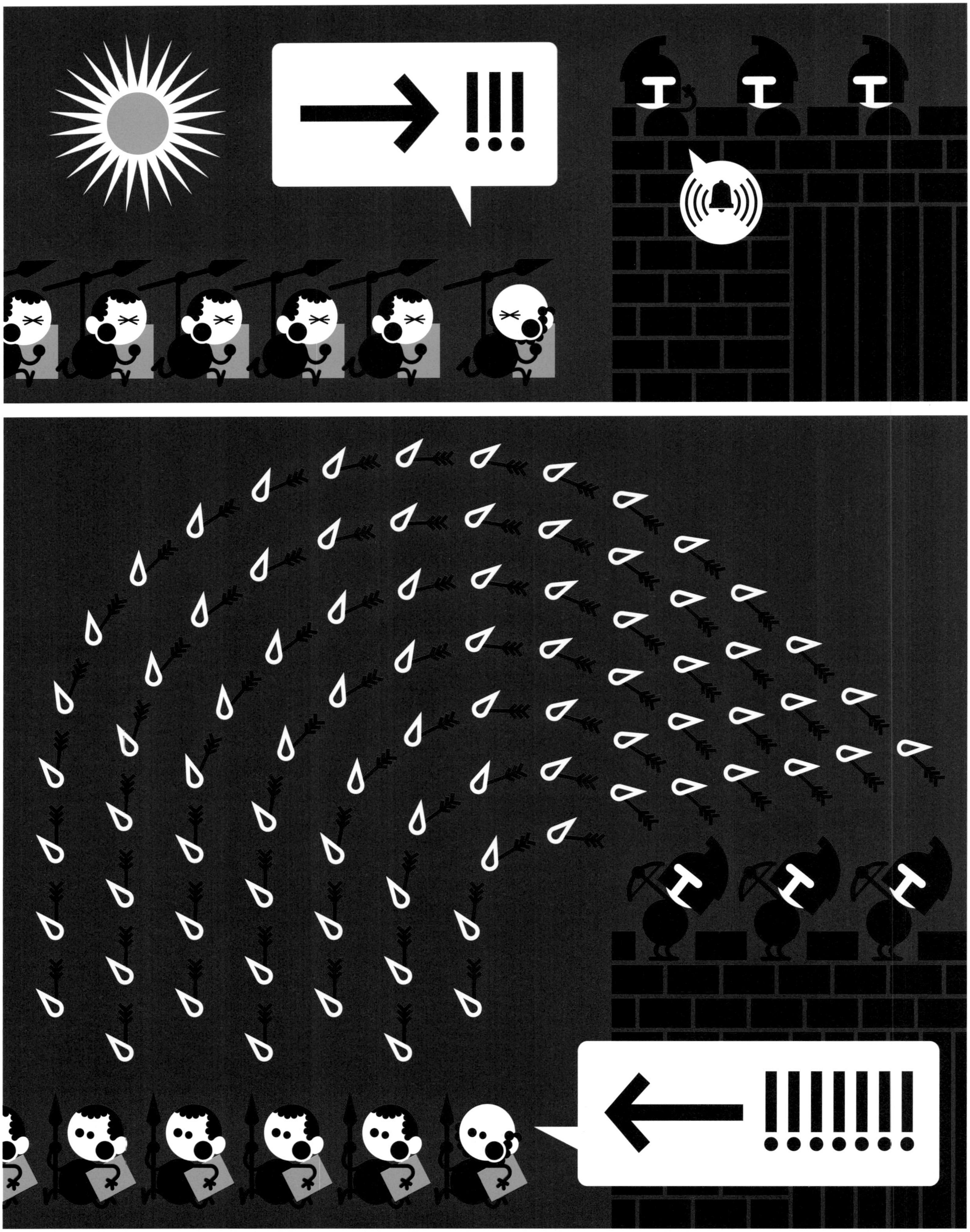

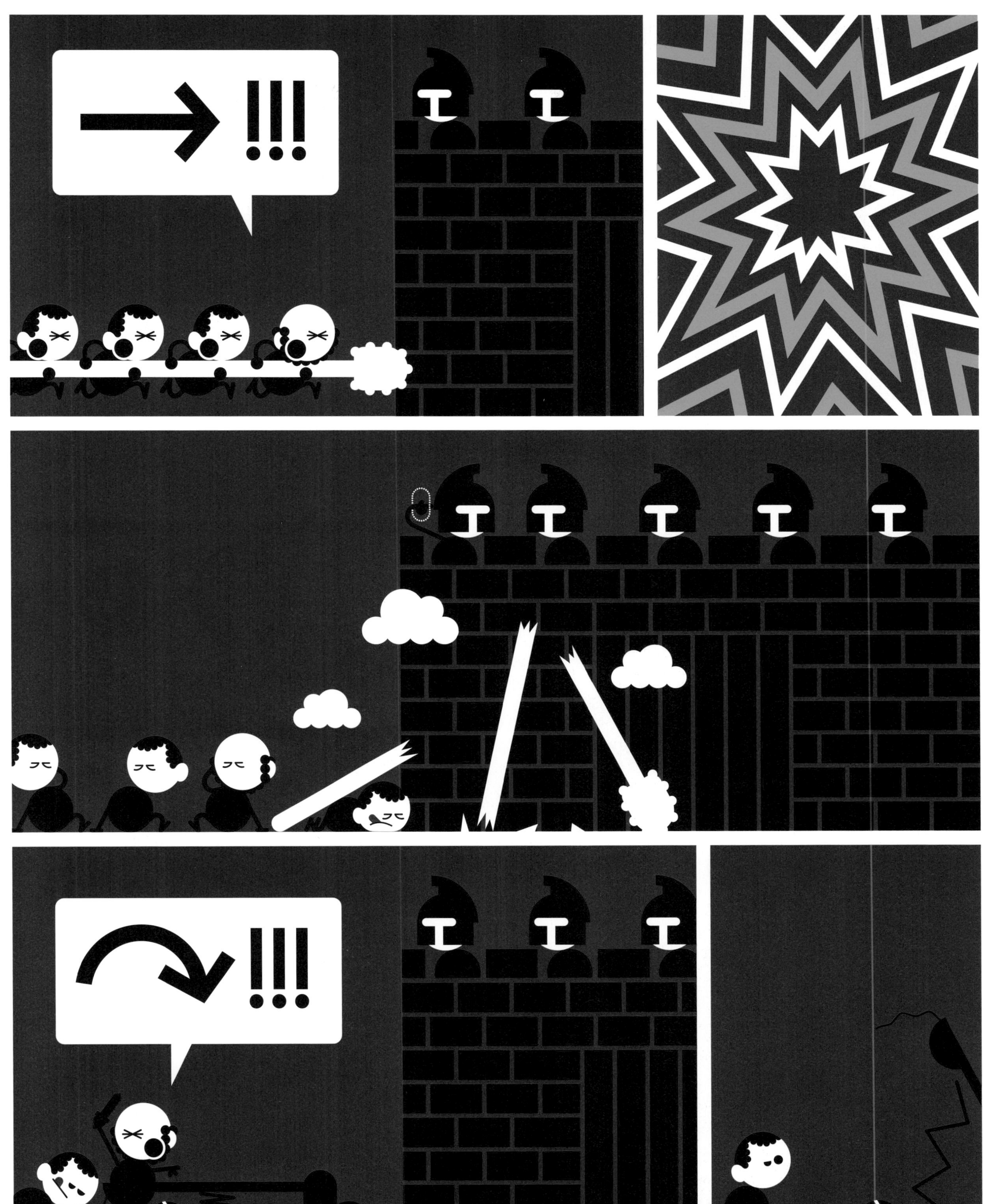

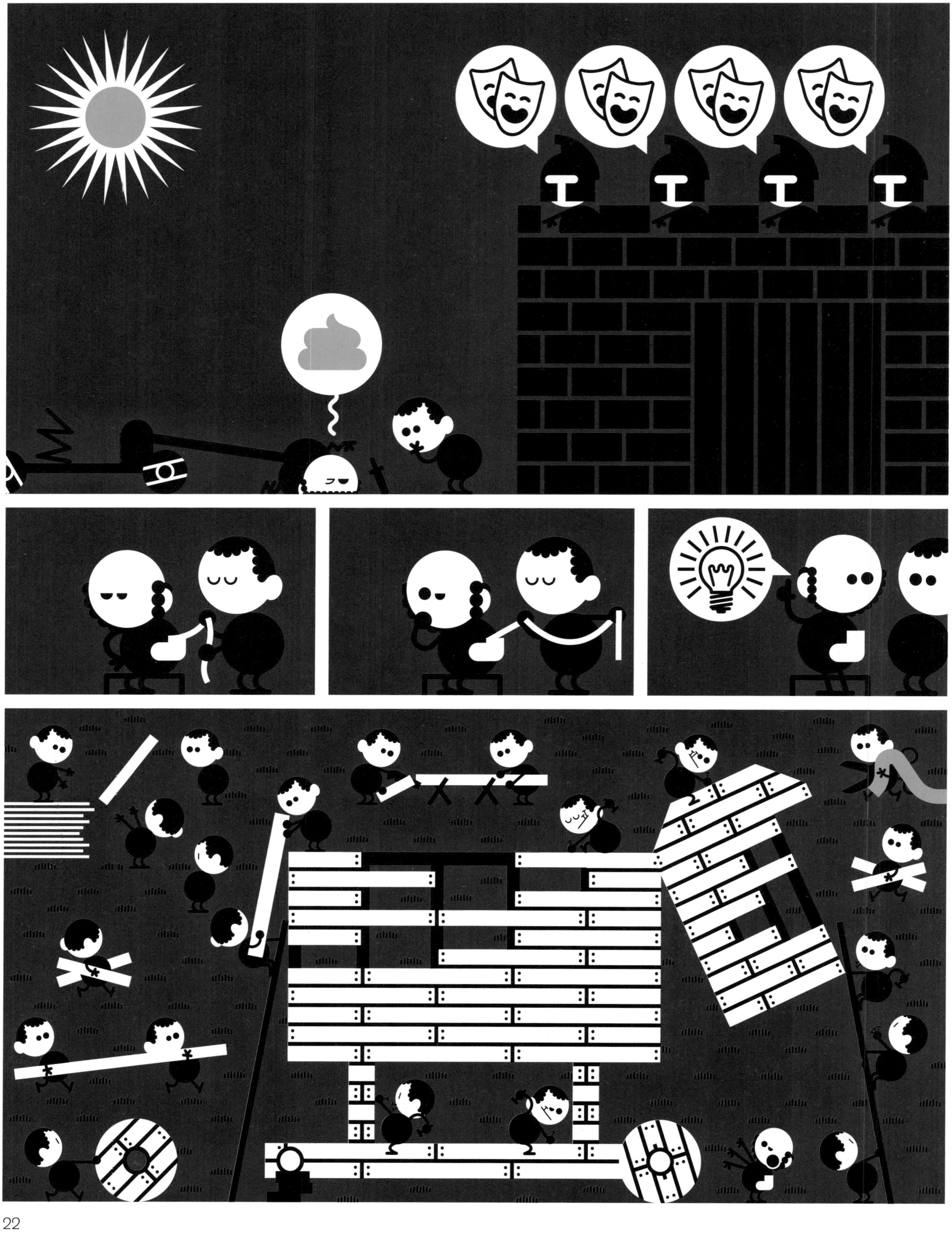

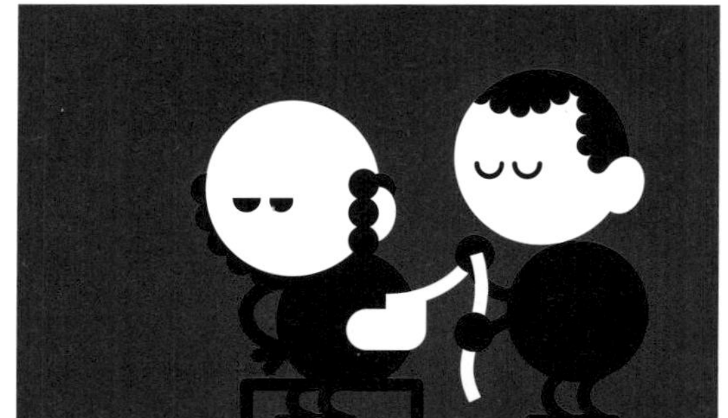
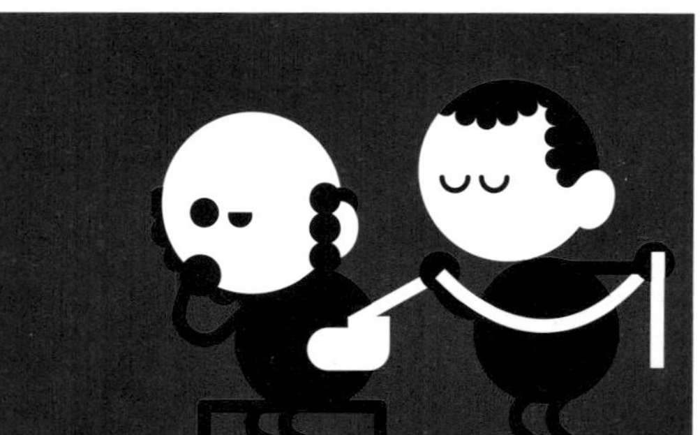

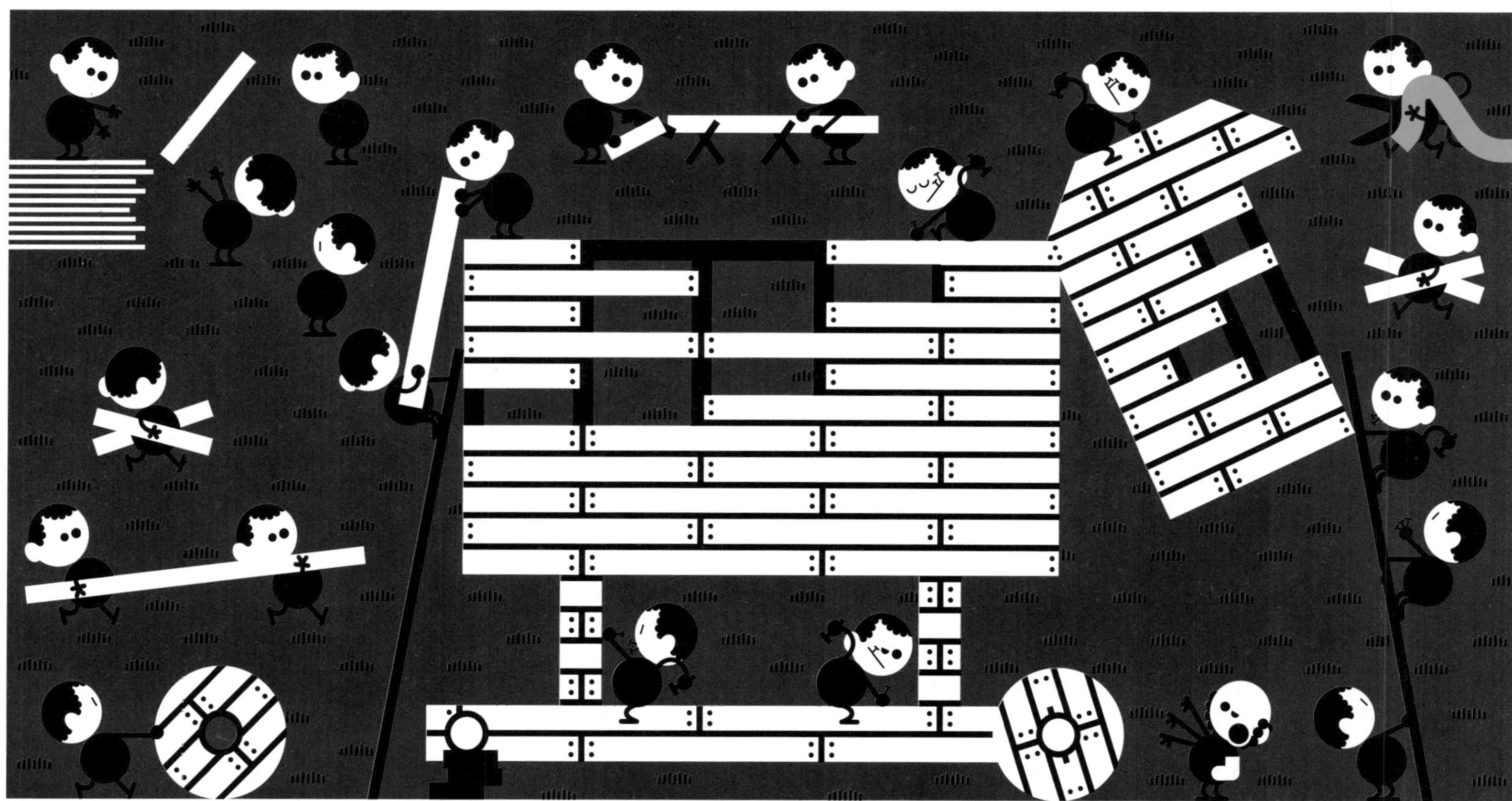

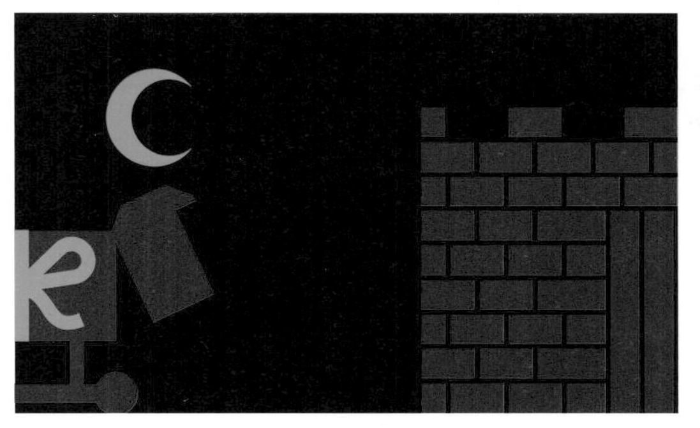

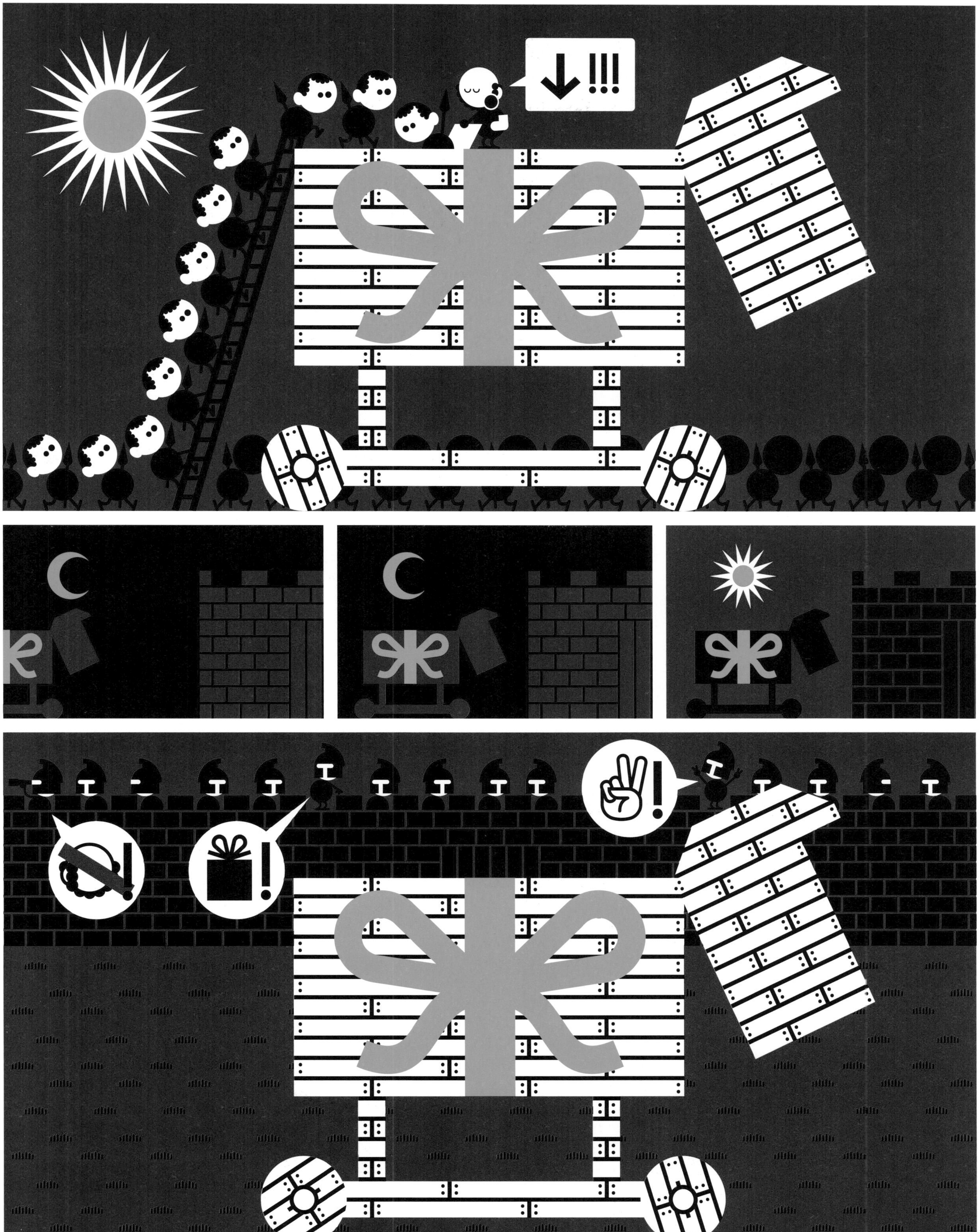

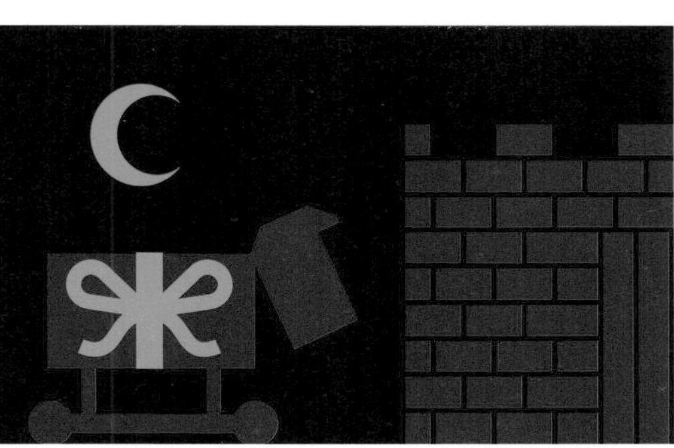

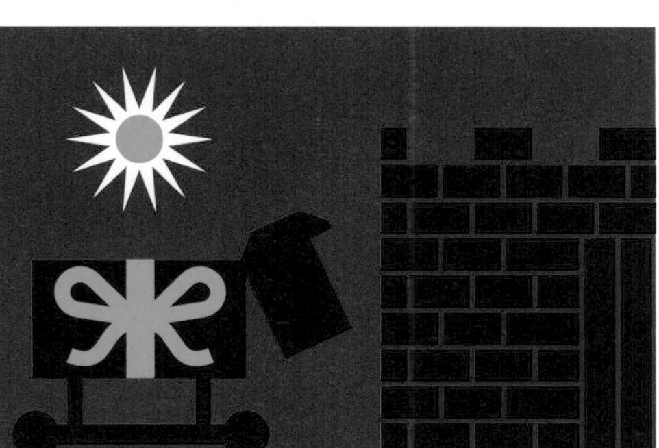

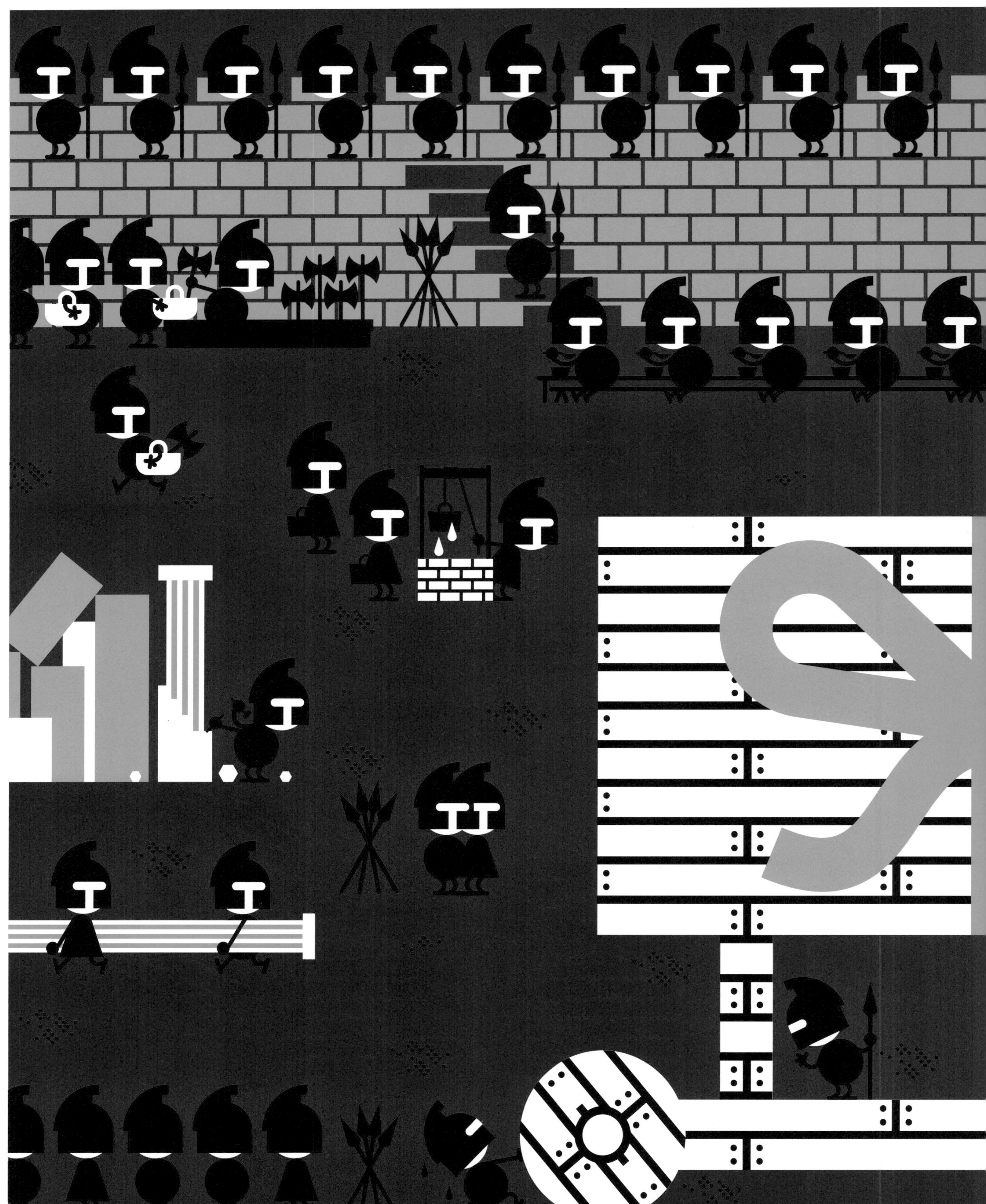

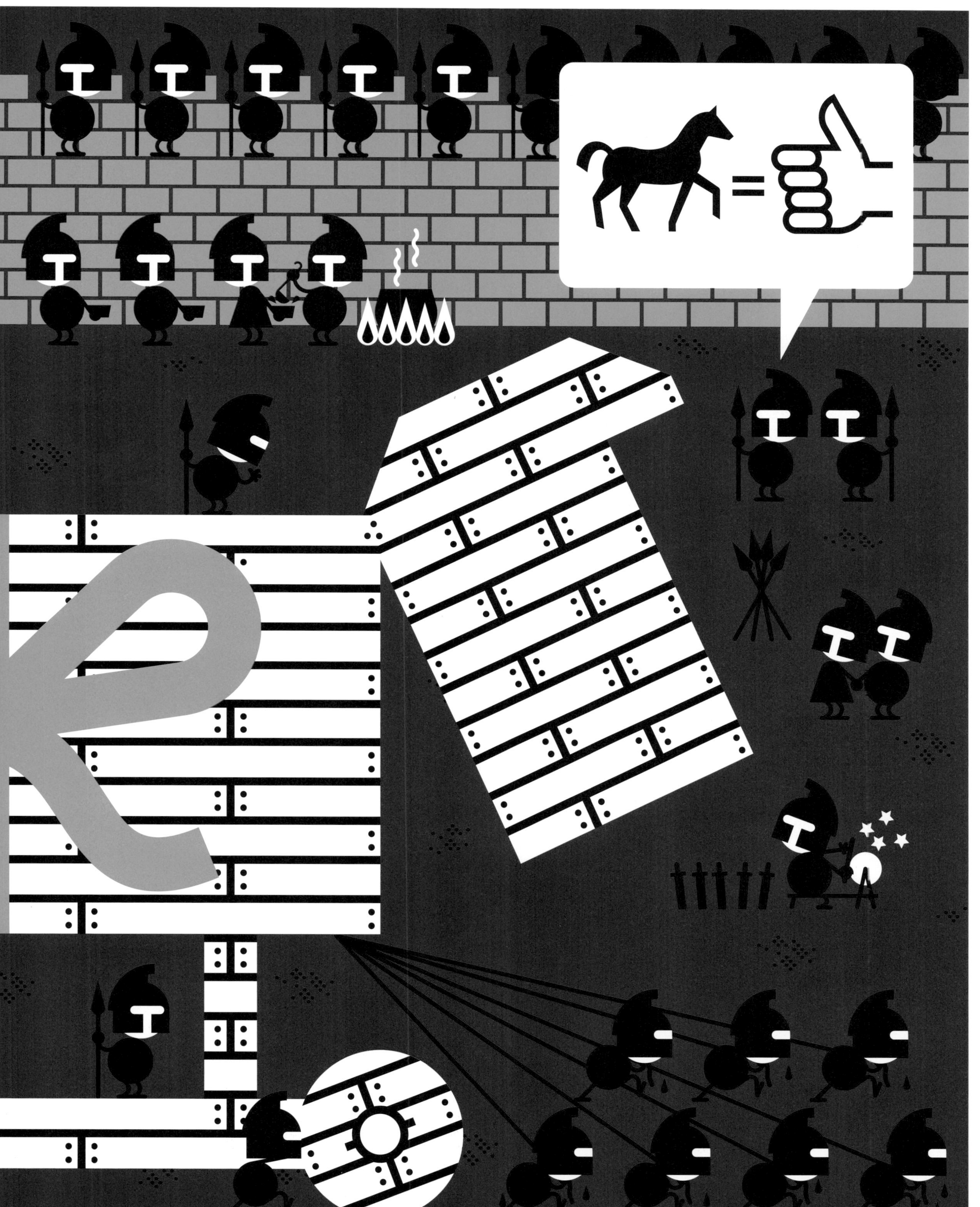

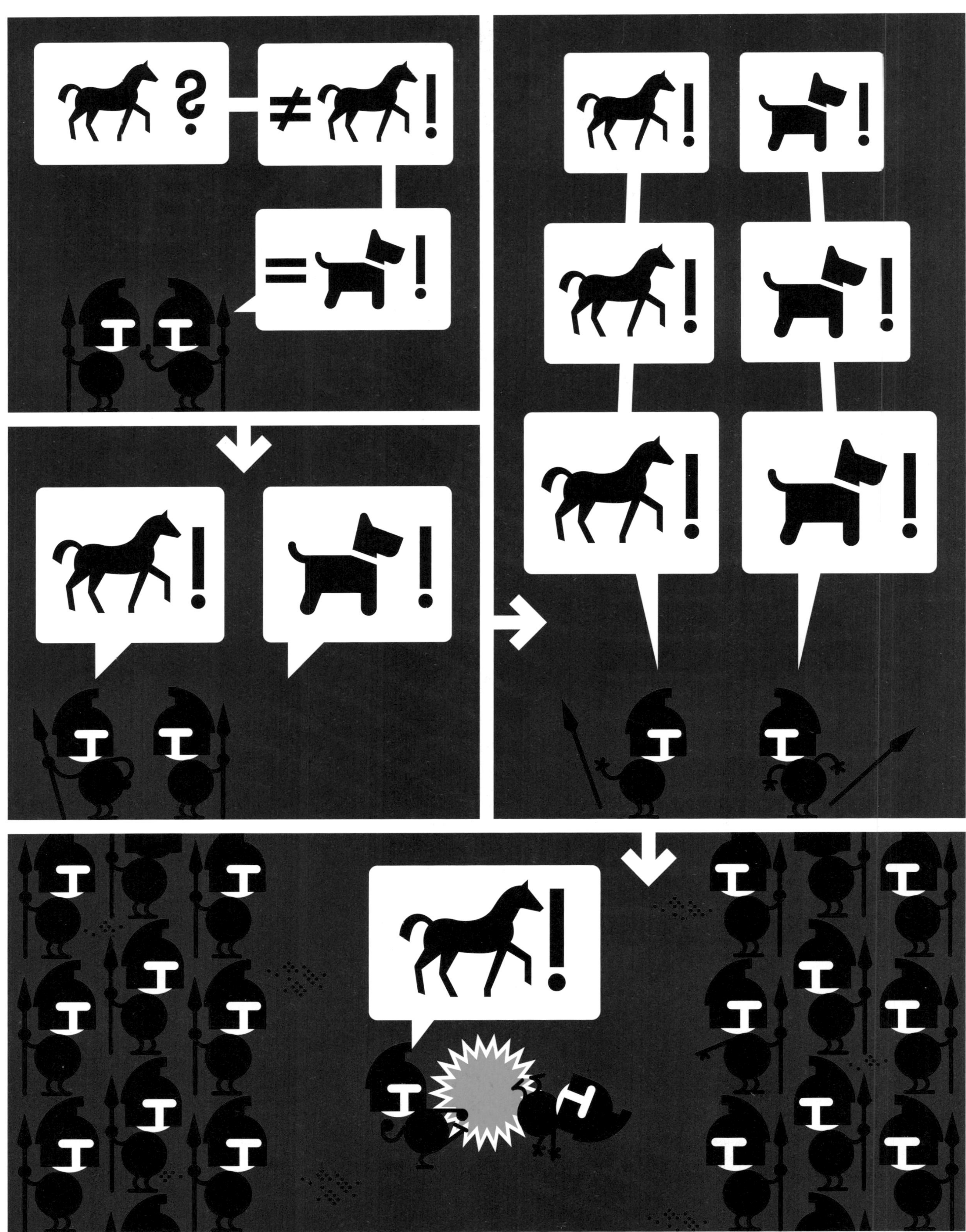

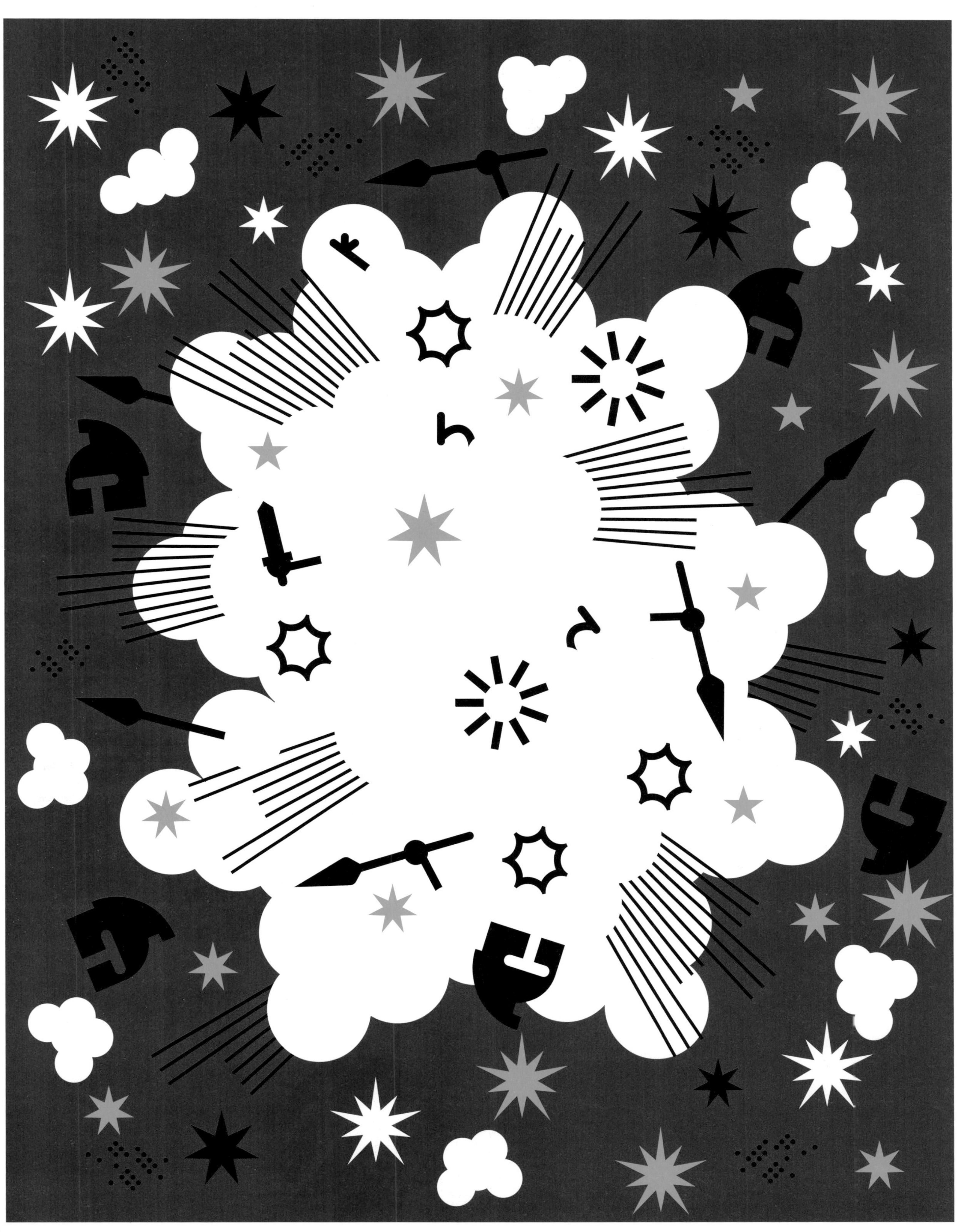

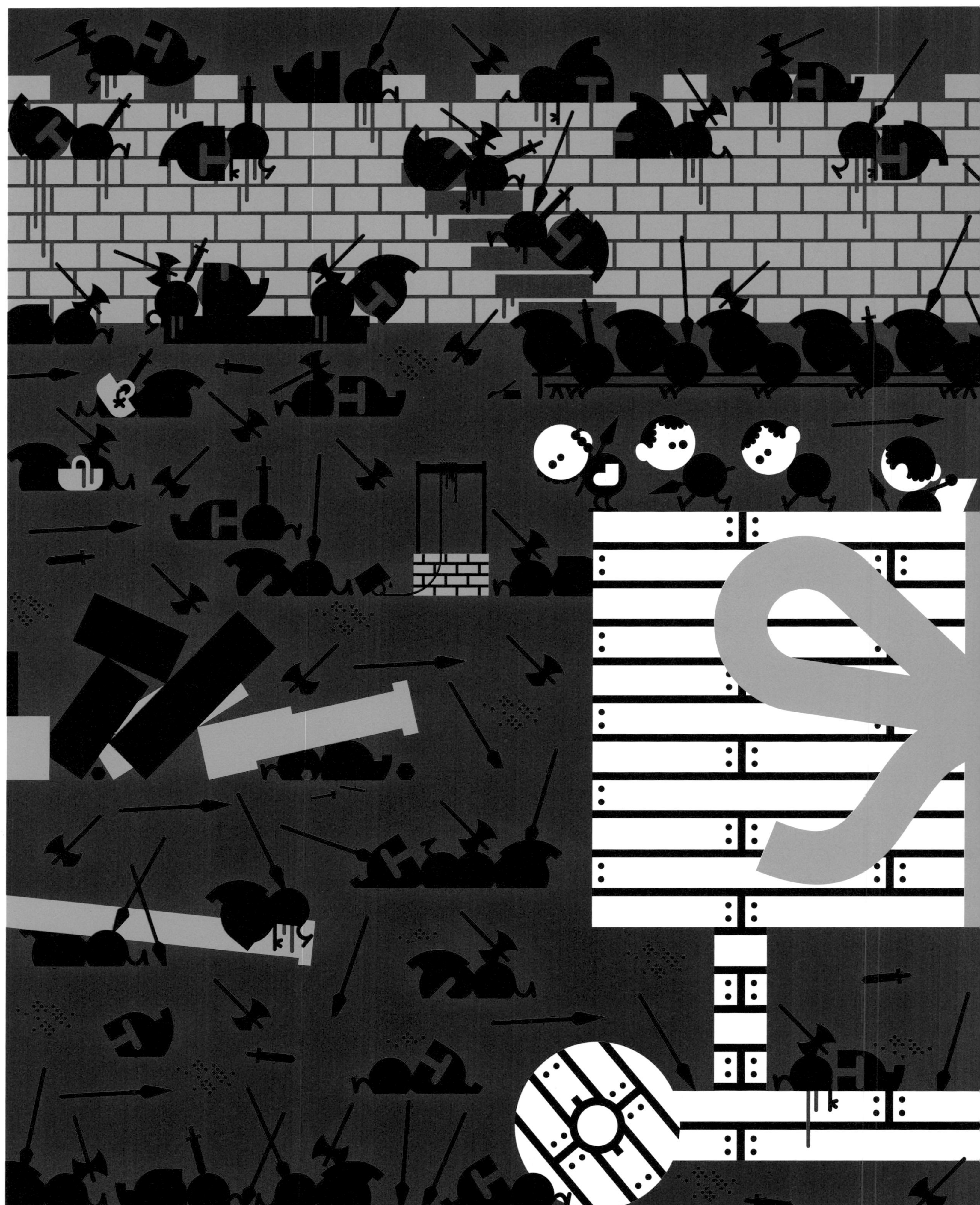

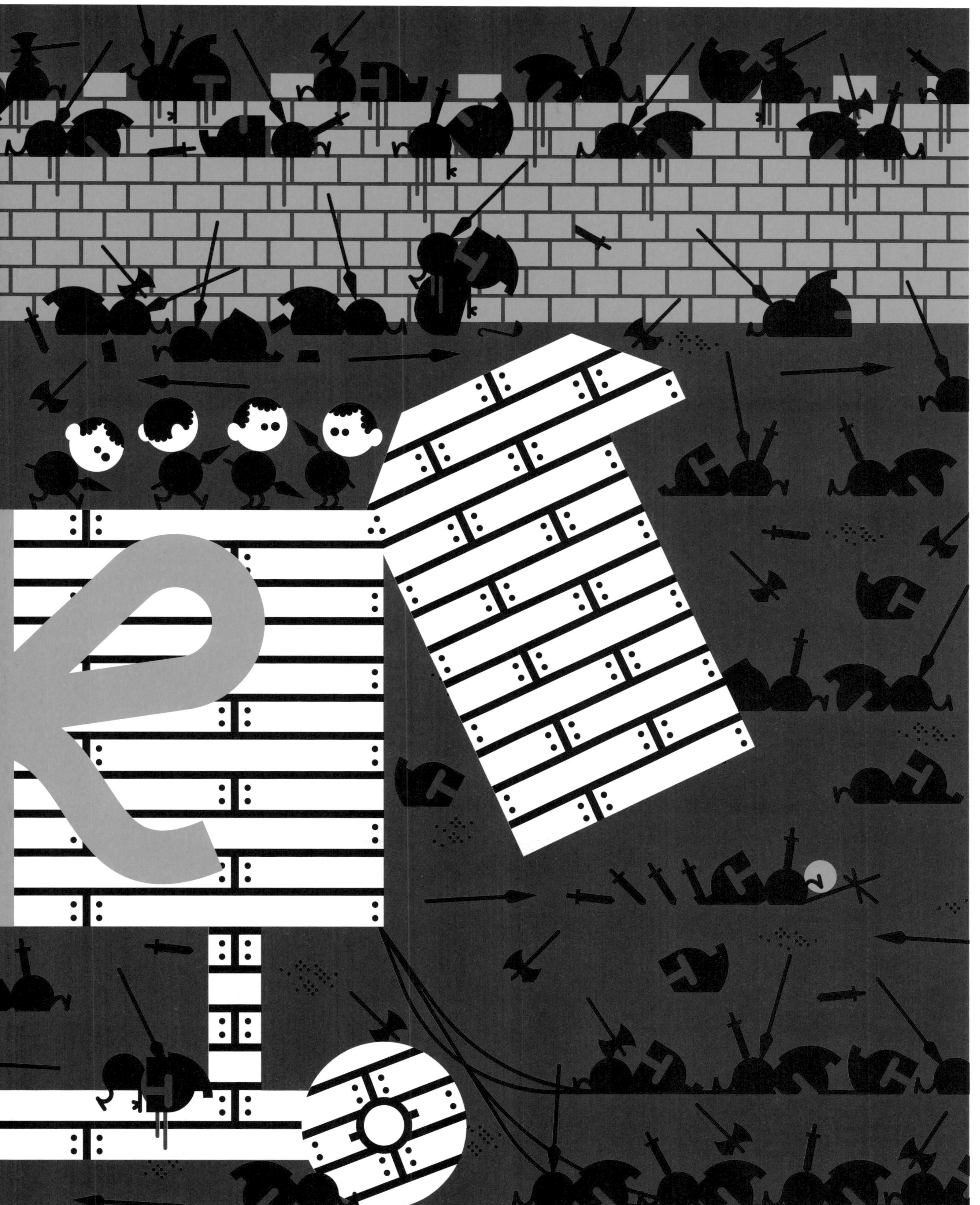

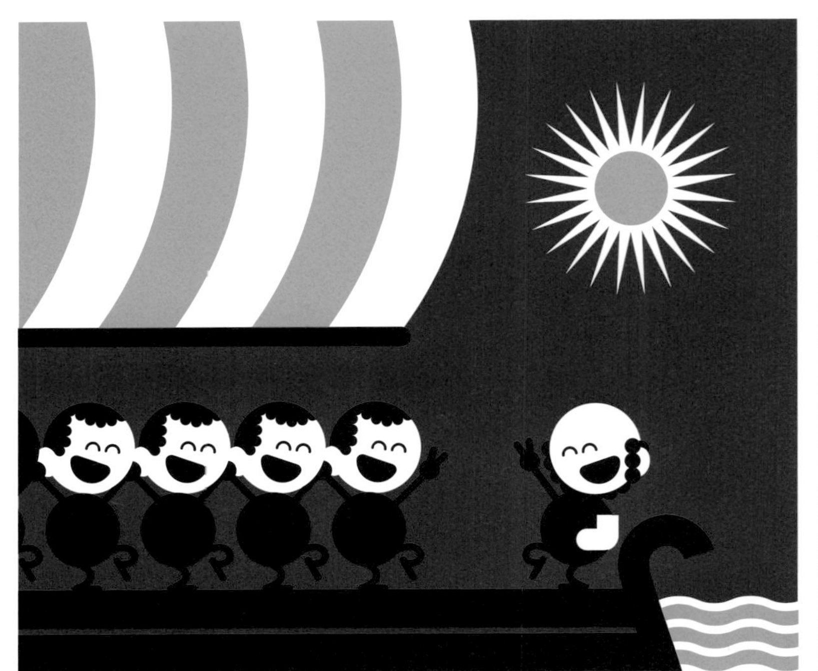
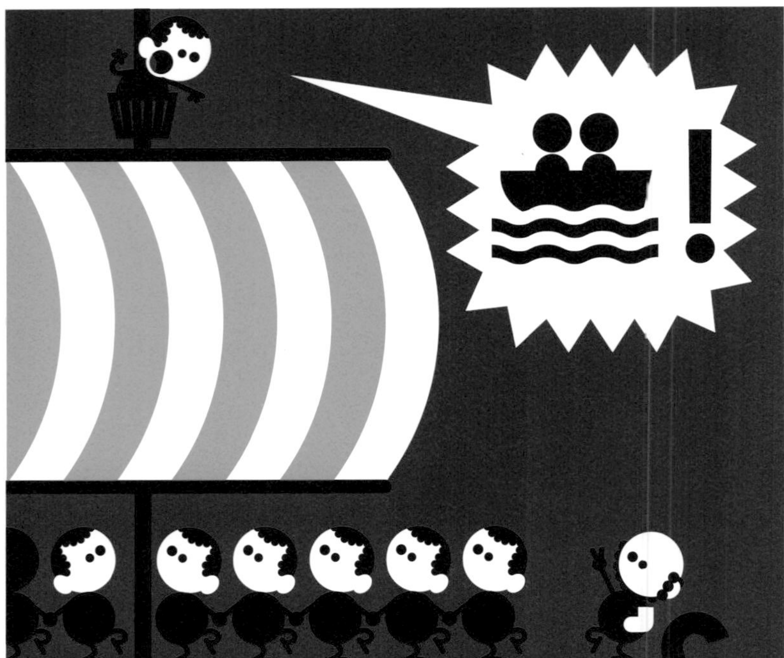

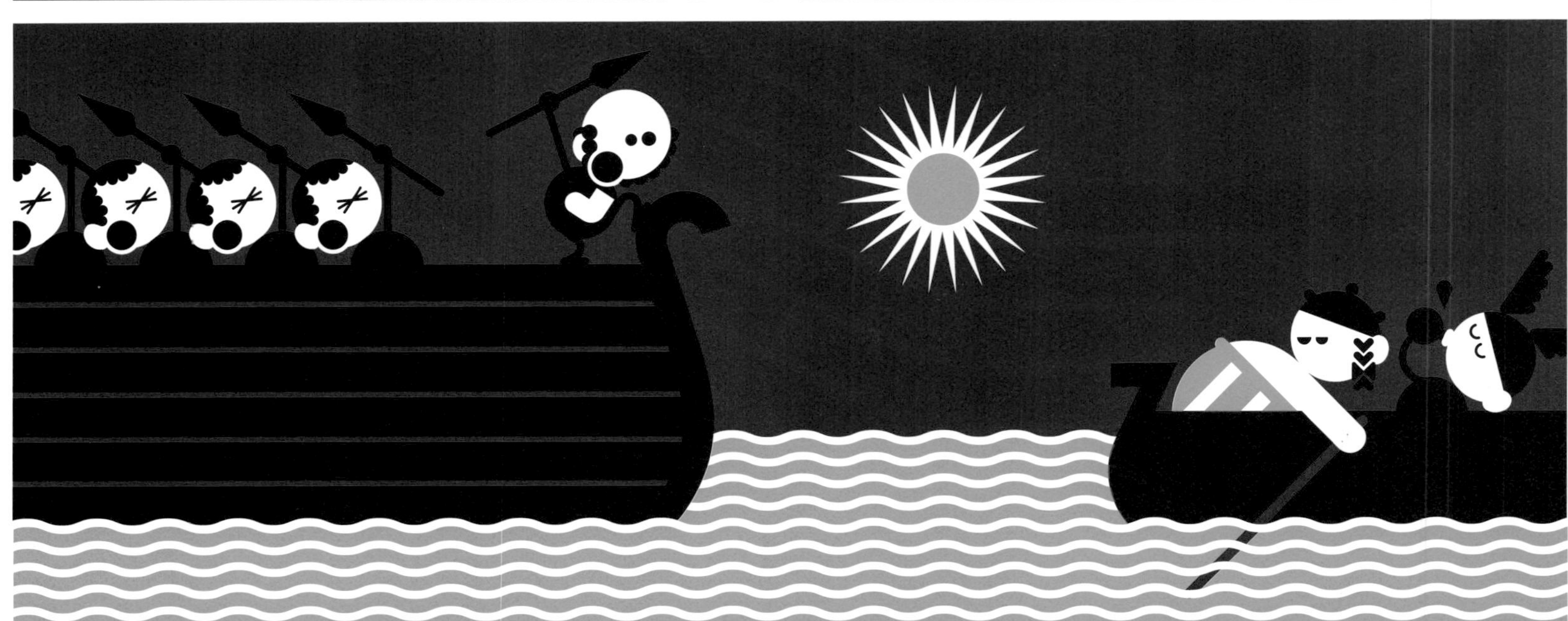
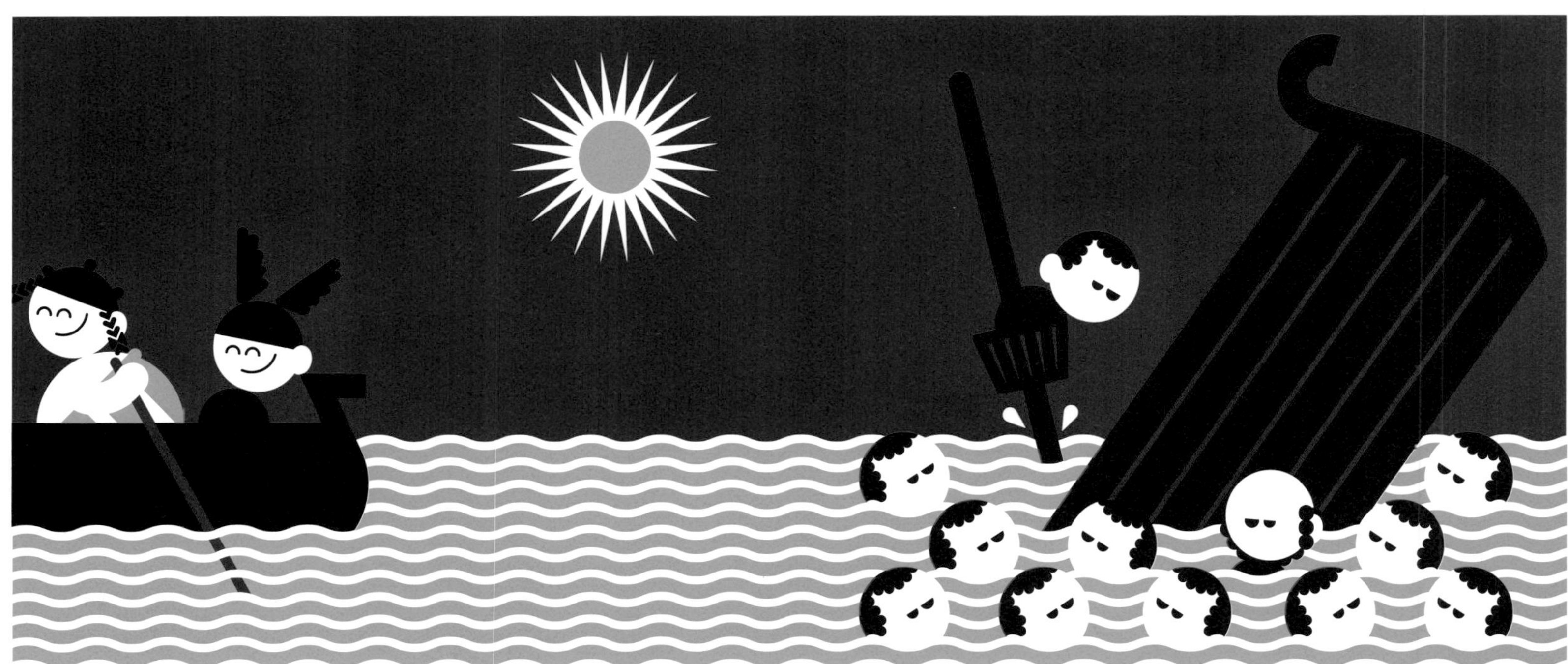

ENDE

Ali Baba und die vierzig Räuber

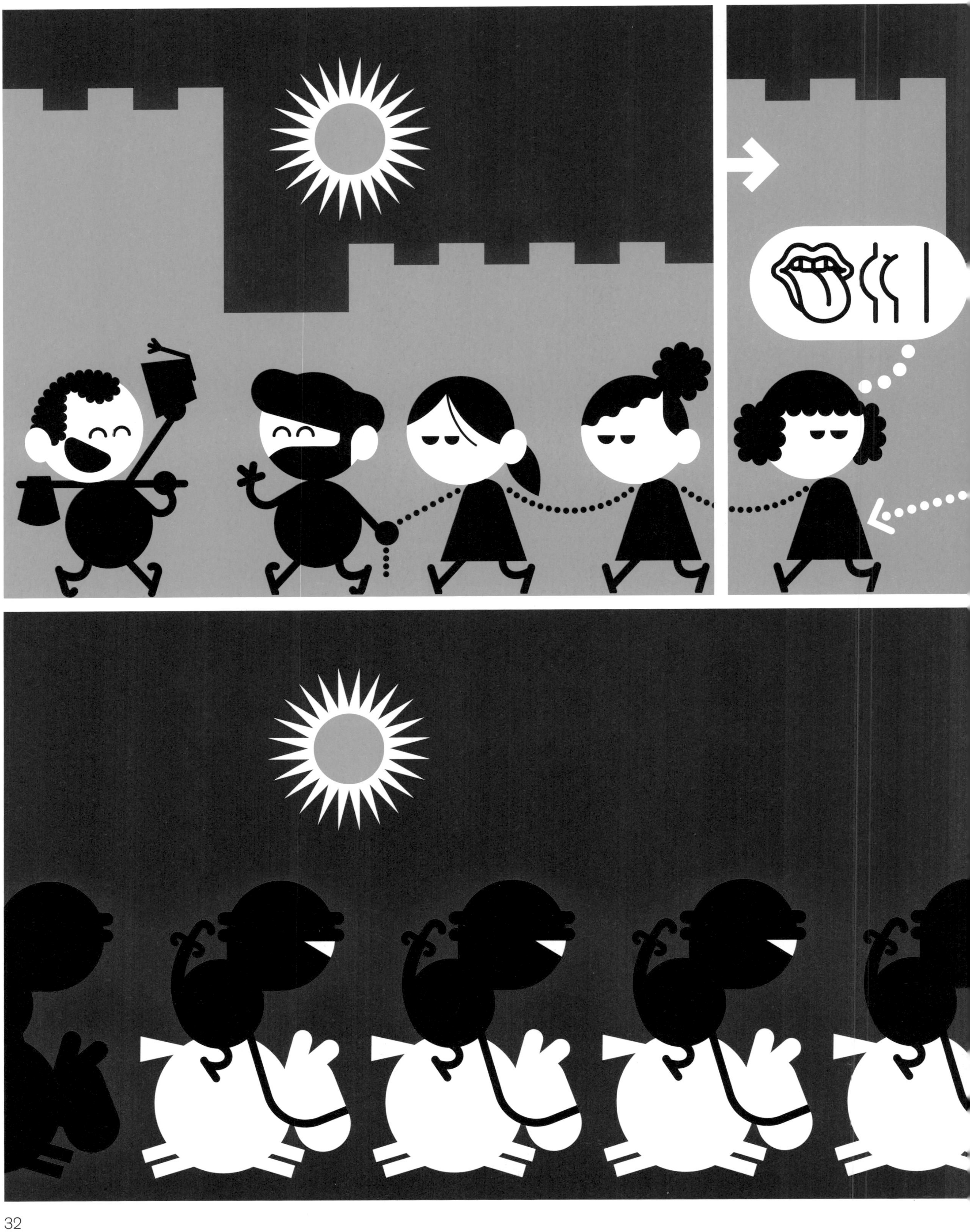

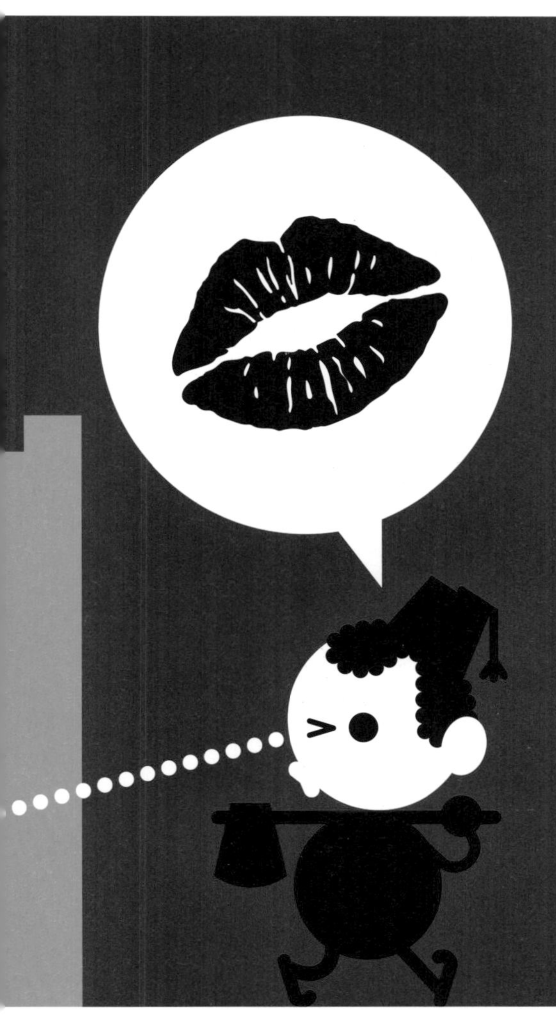

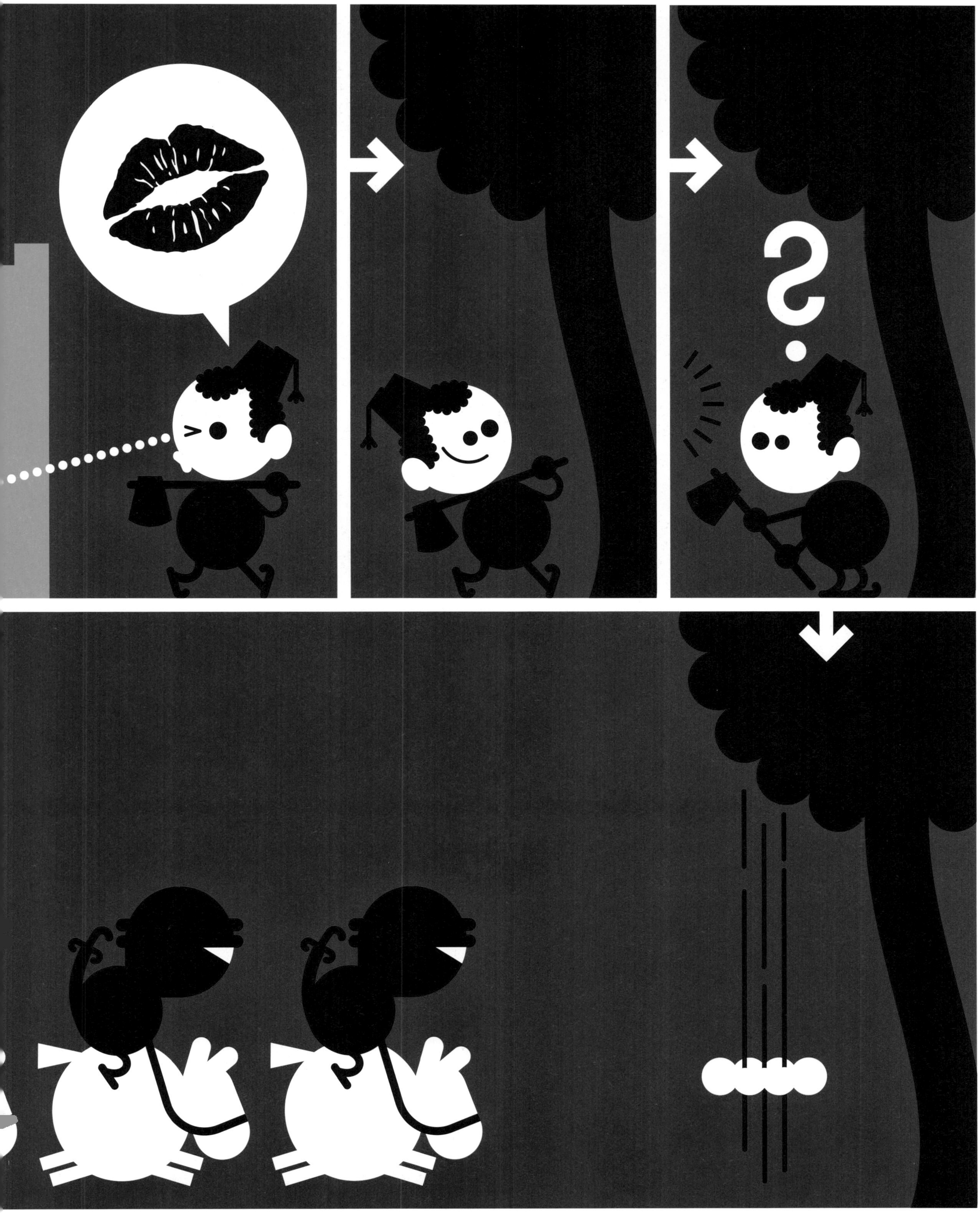

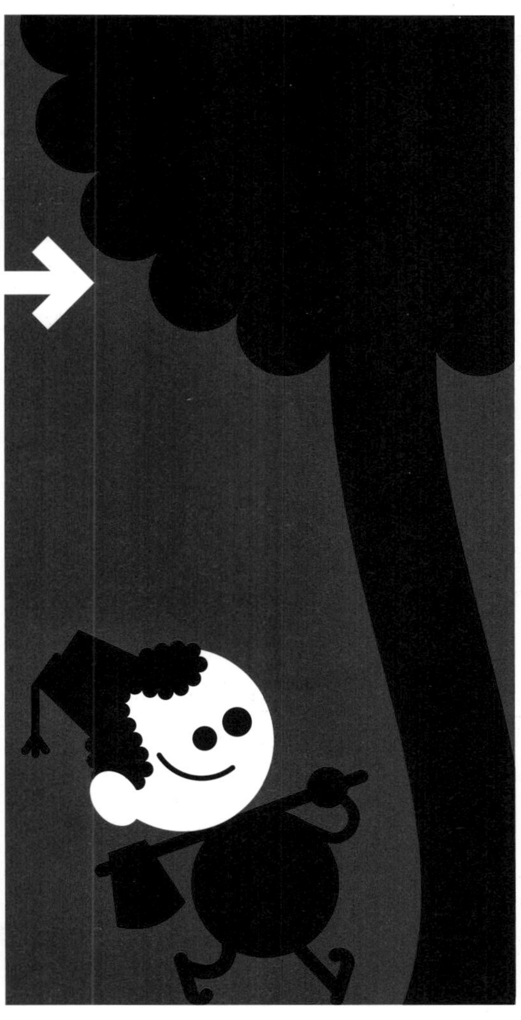

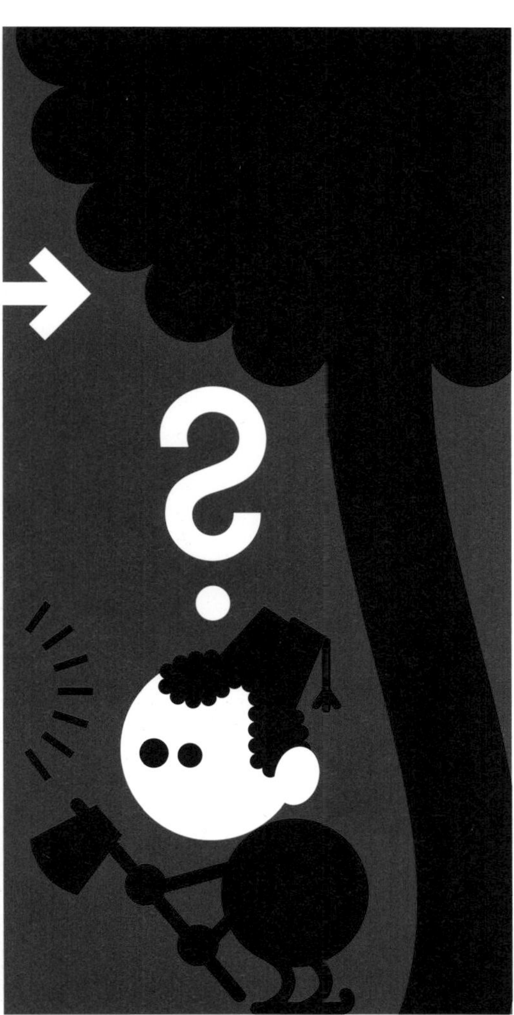

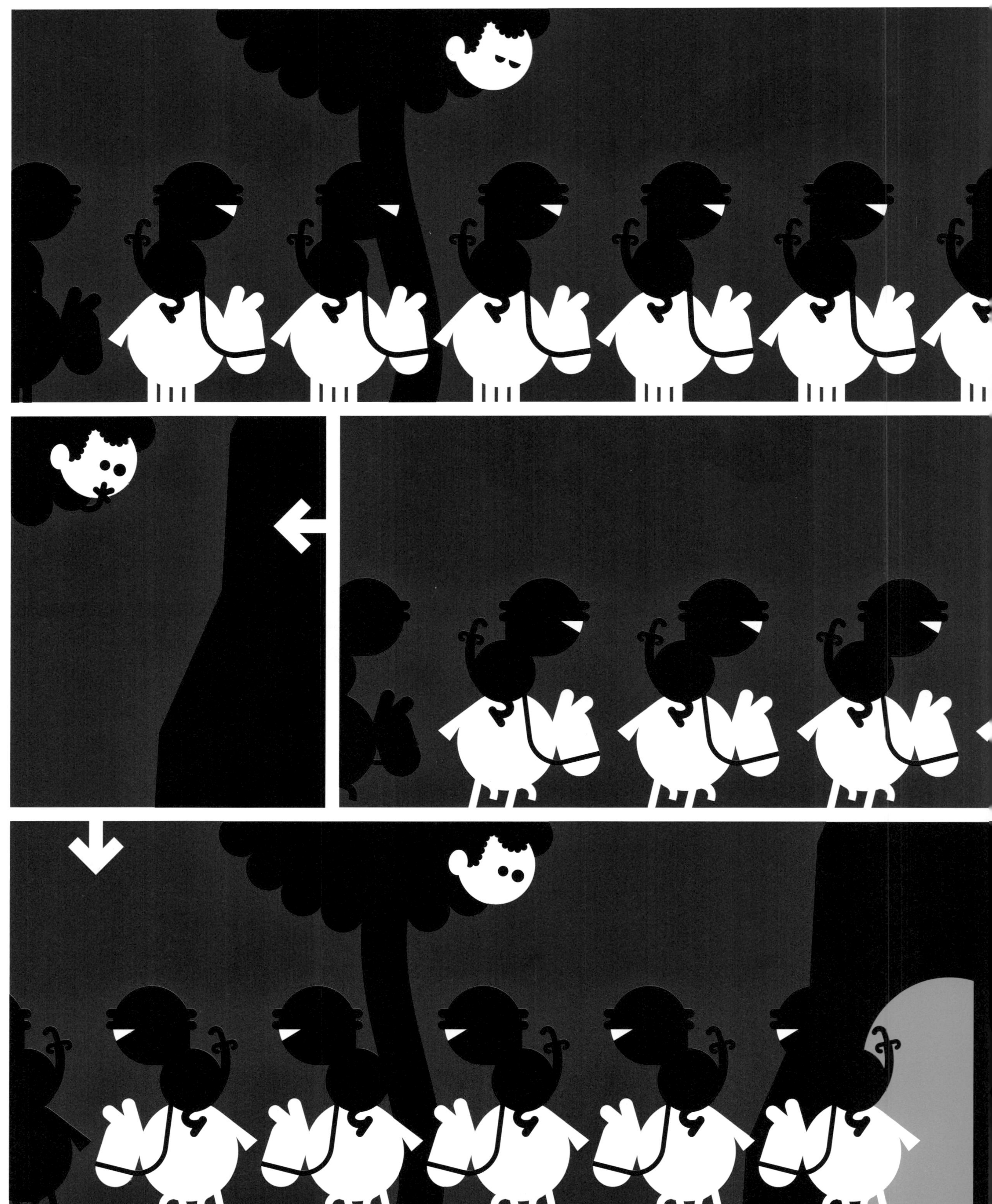

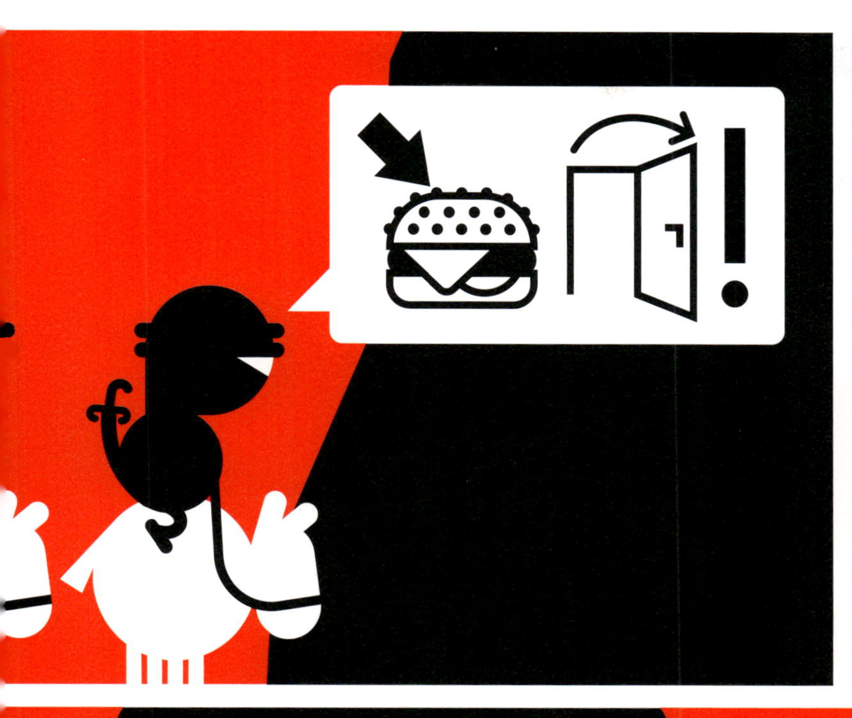

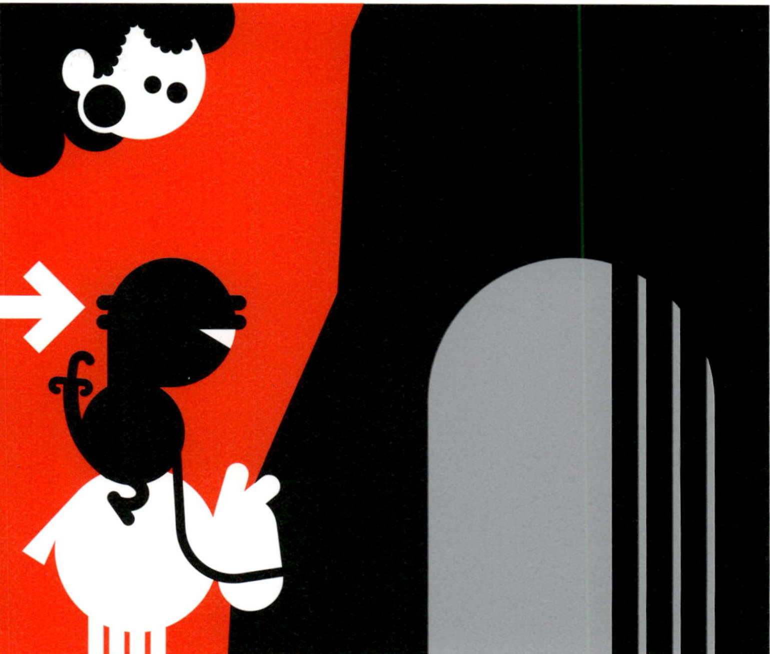

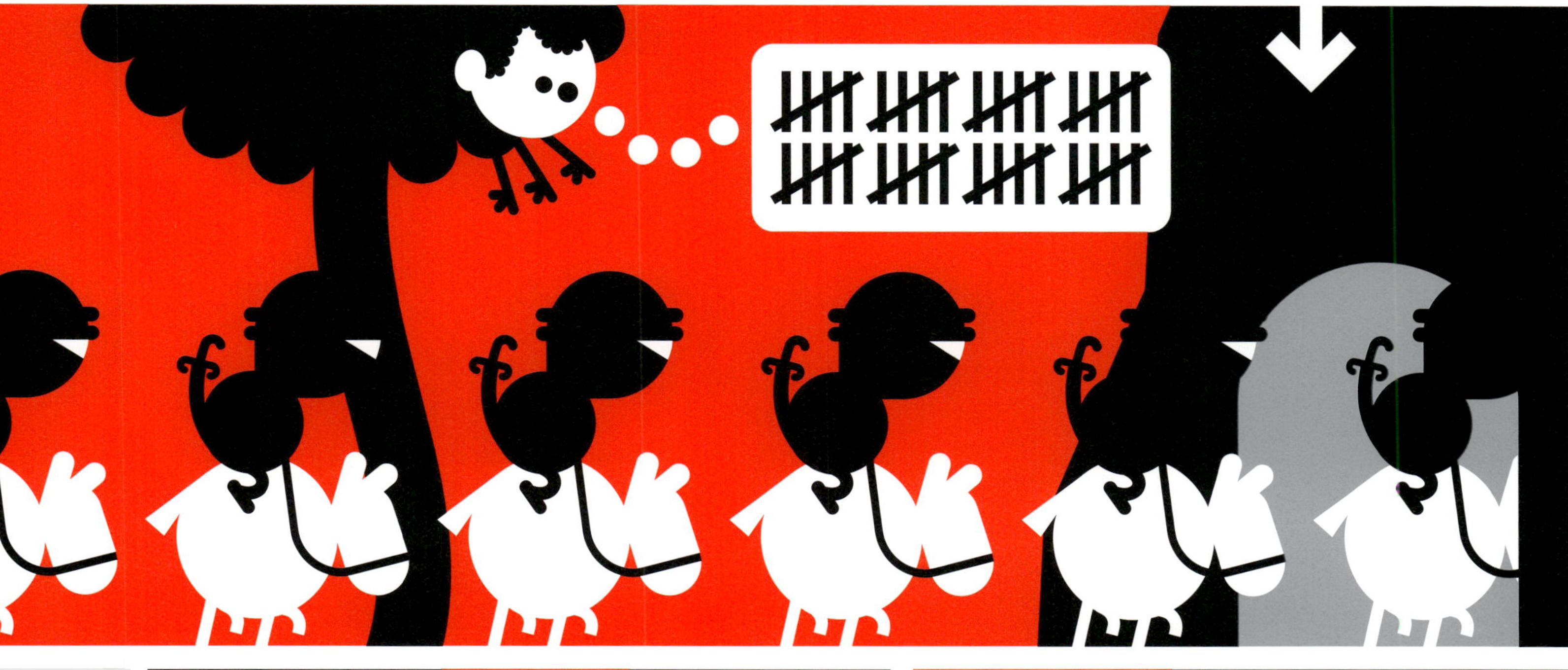

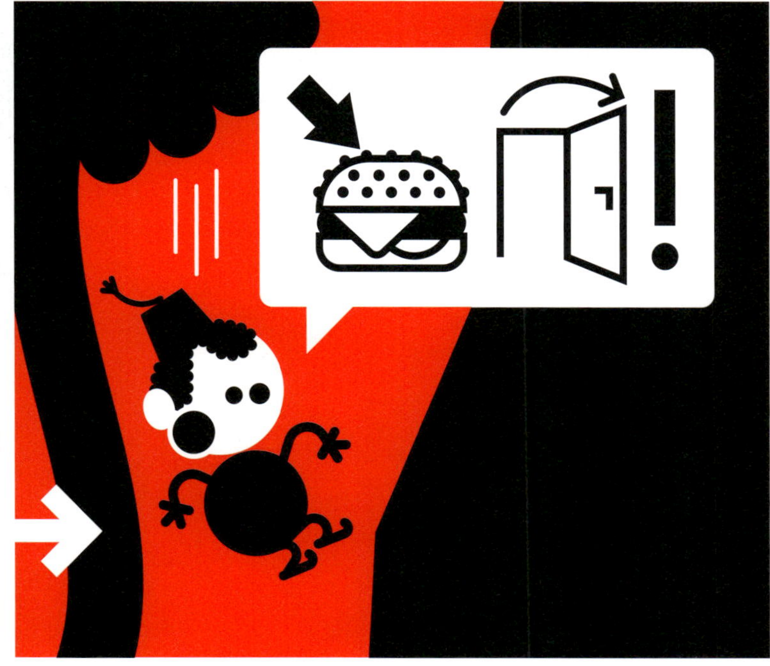

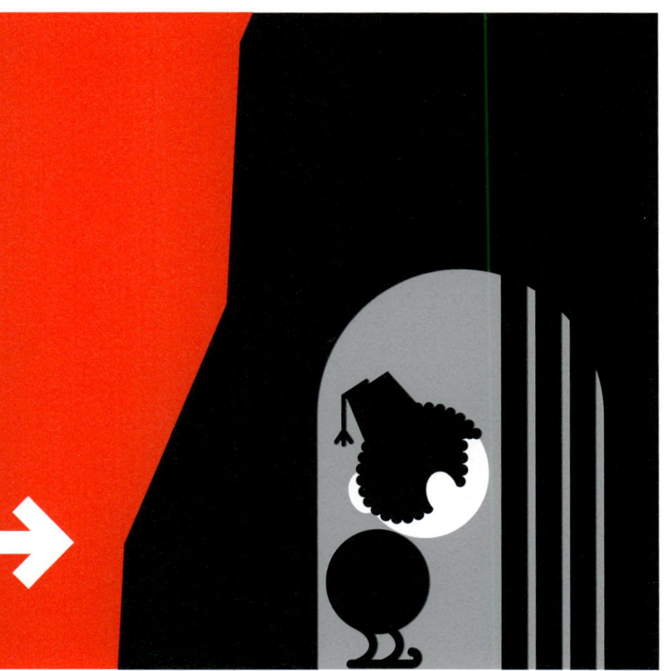

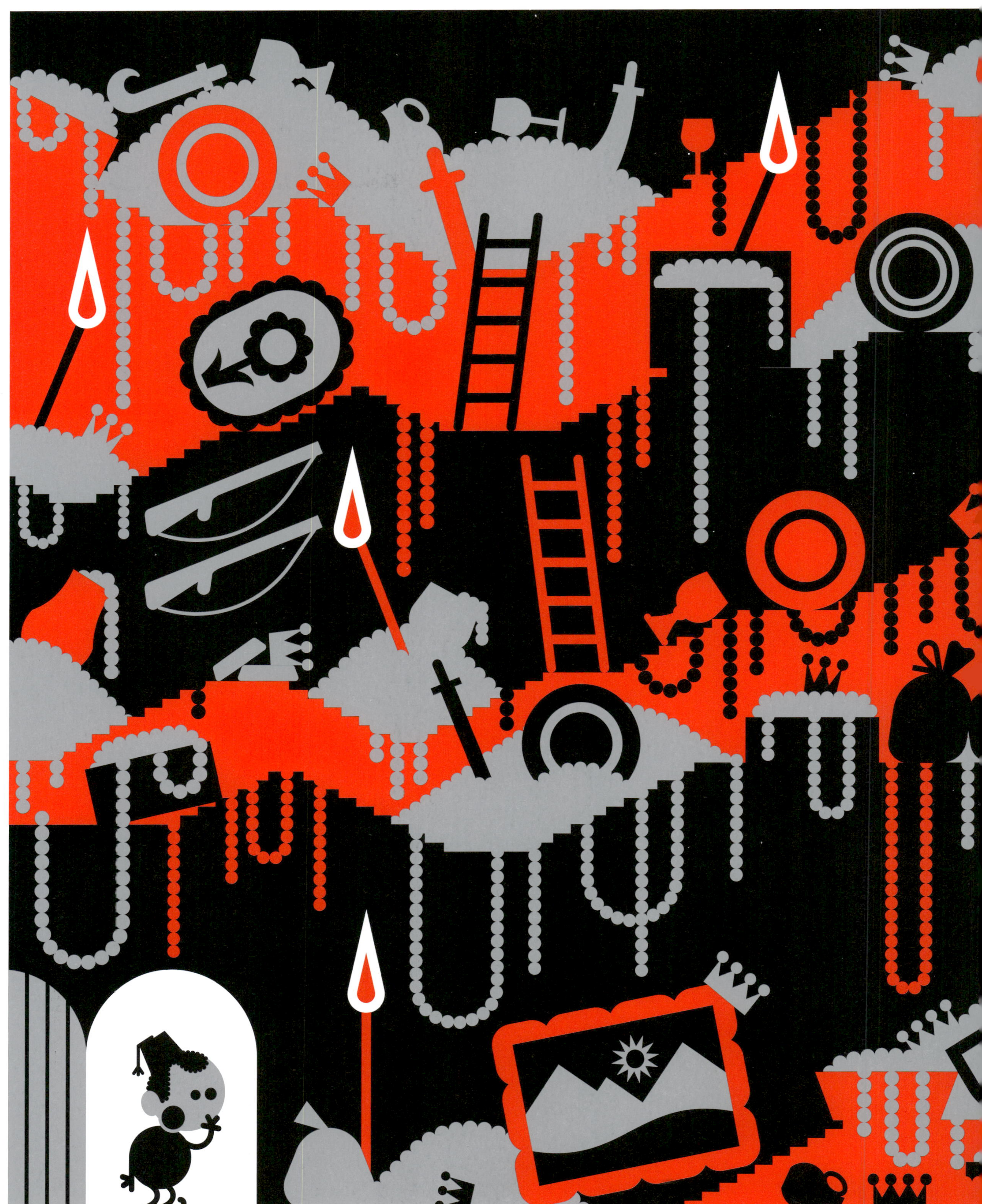

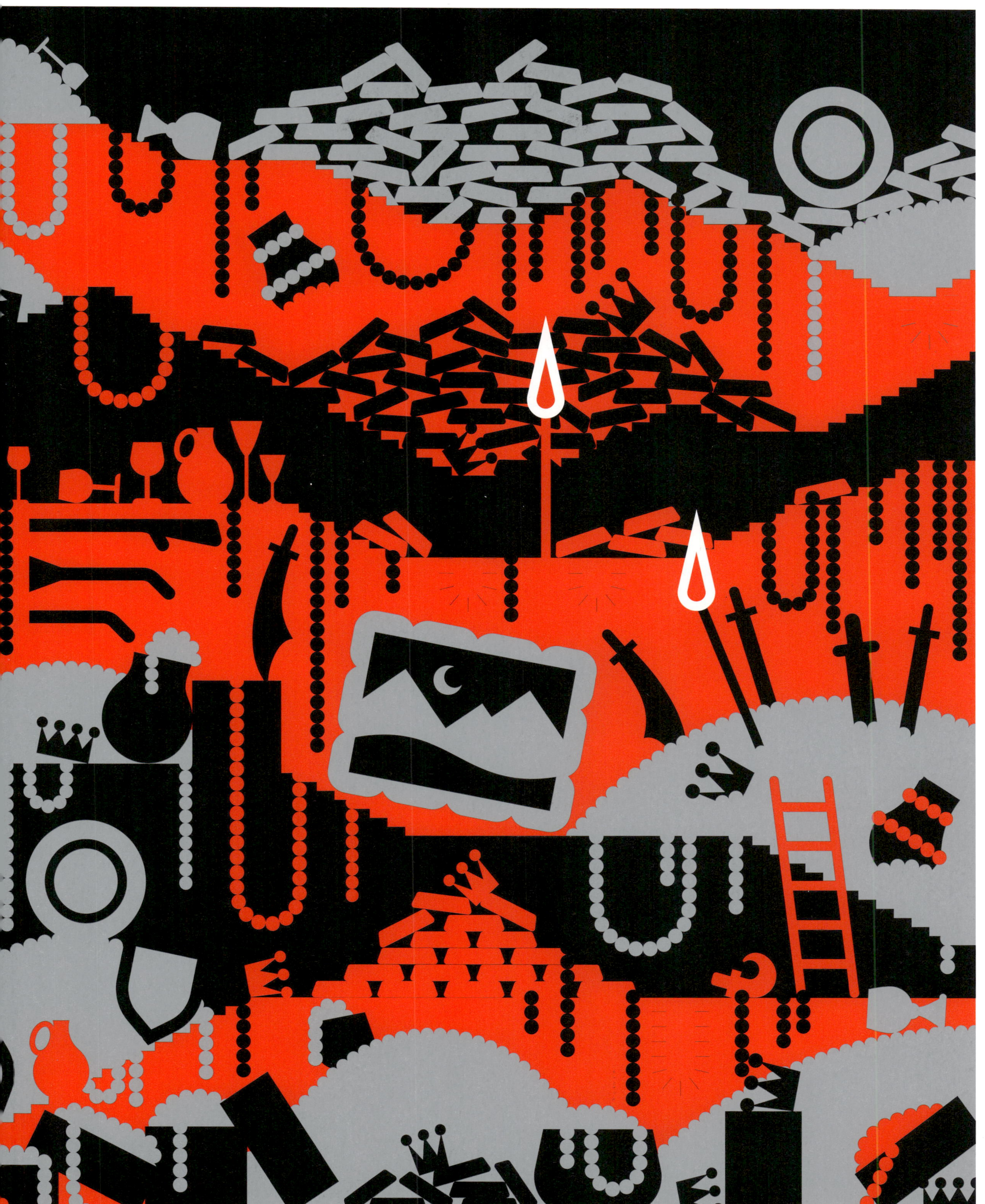

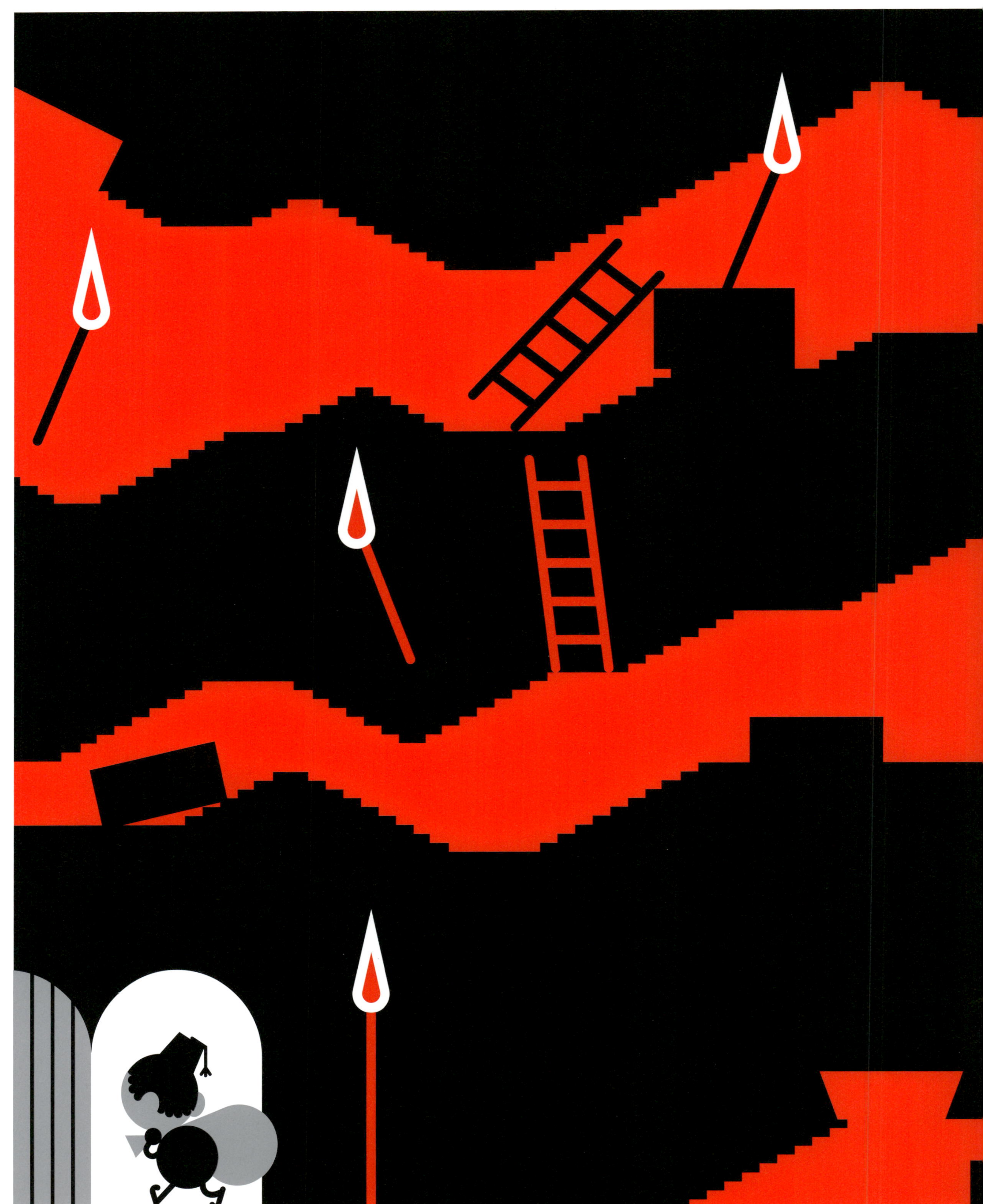

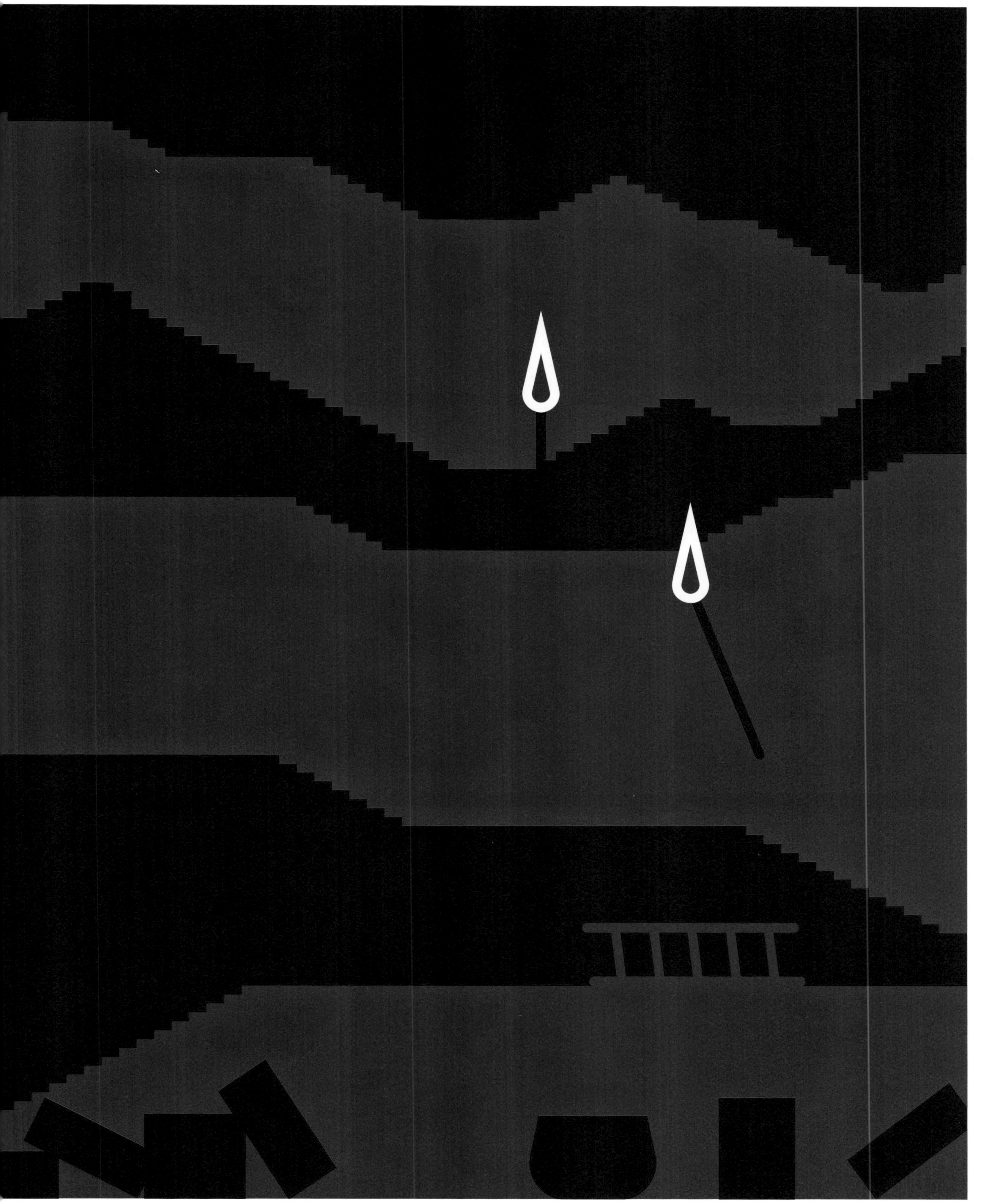

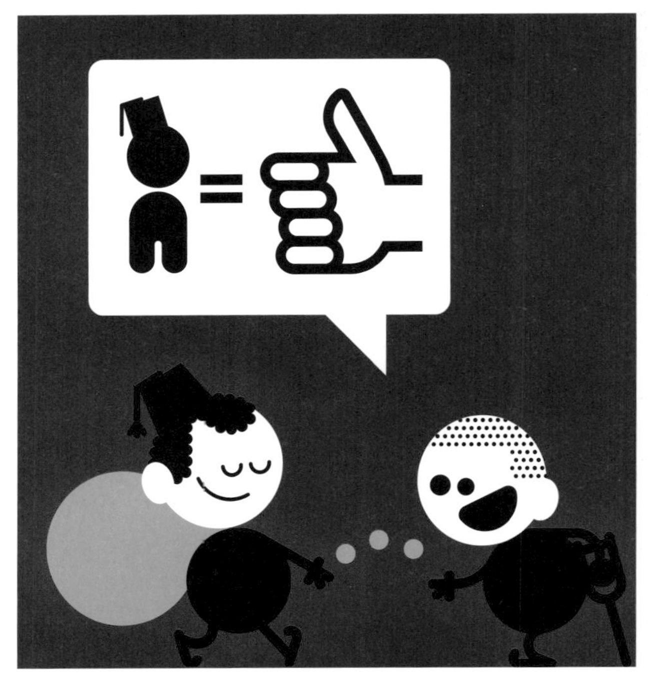
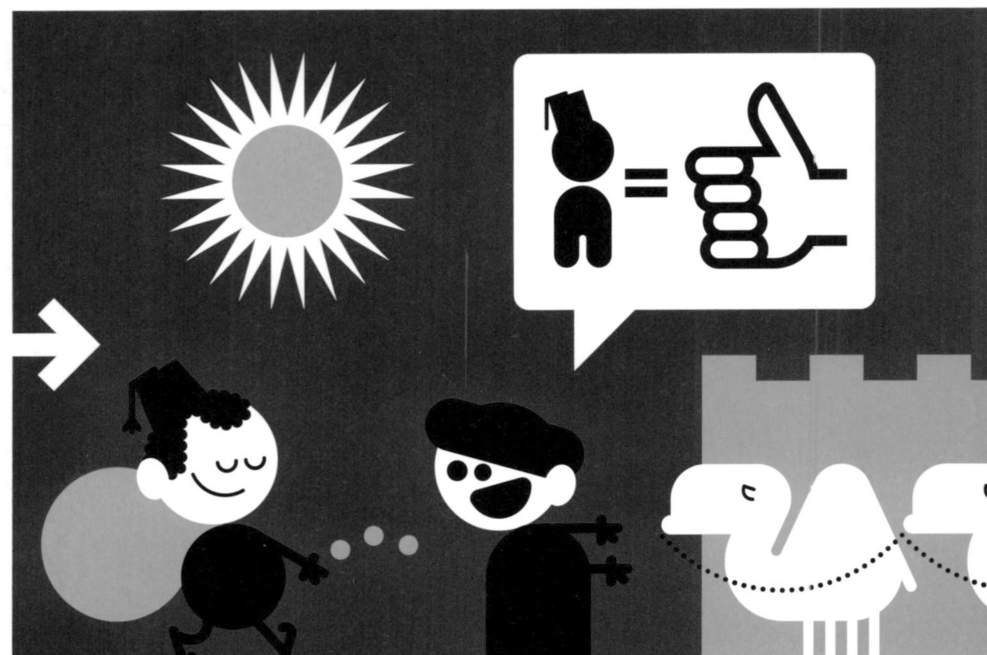
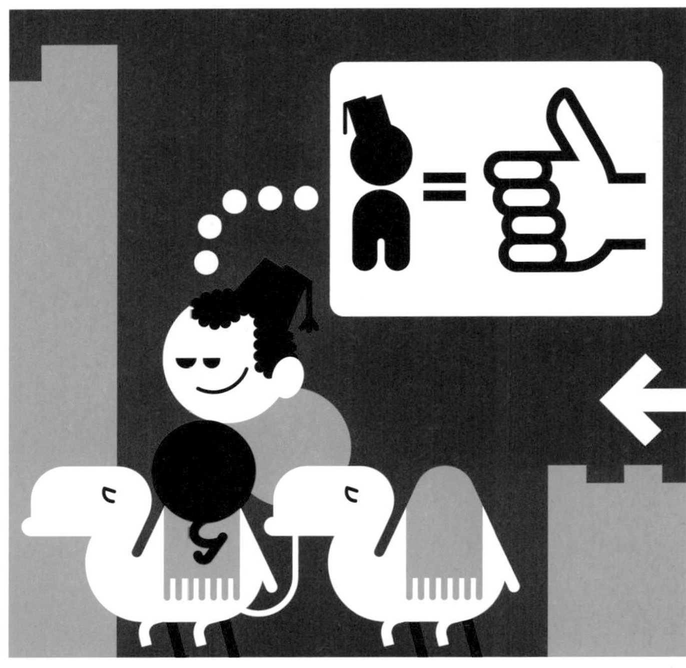
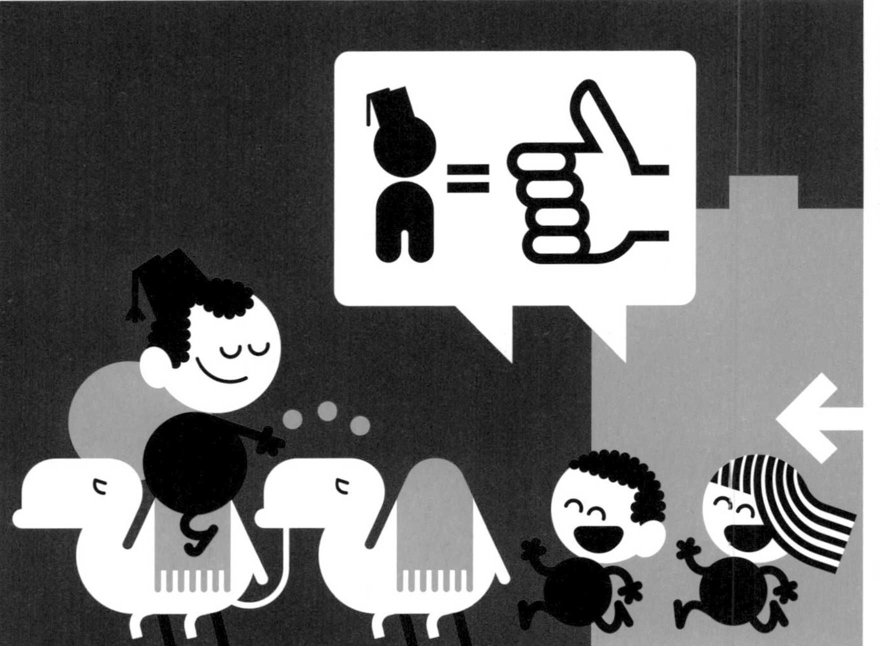
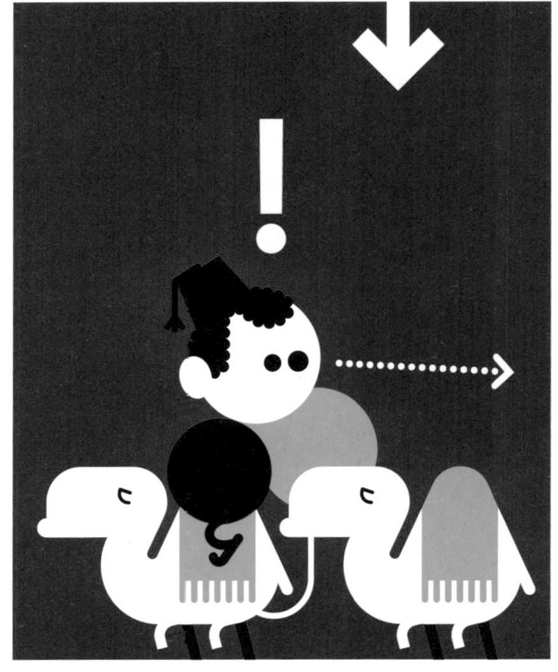

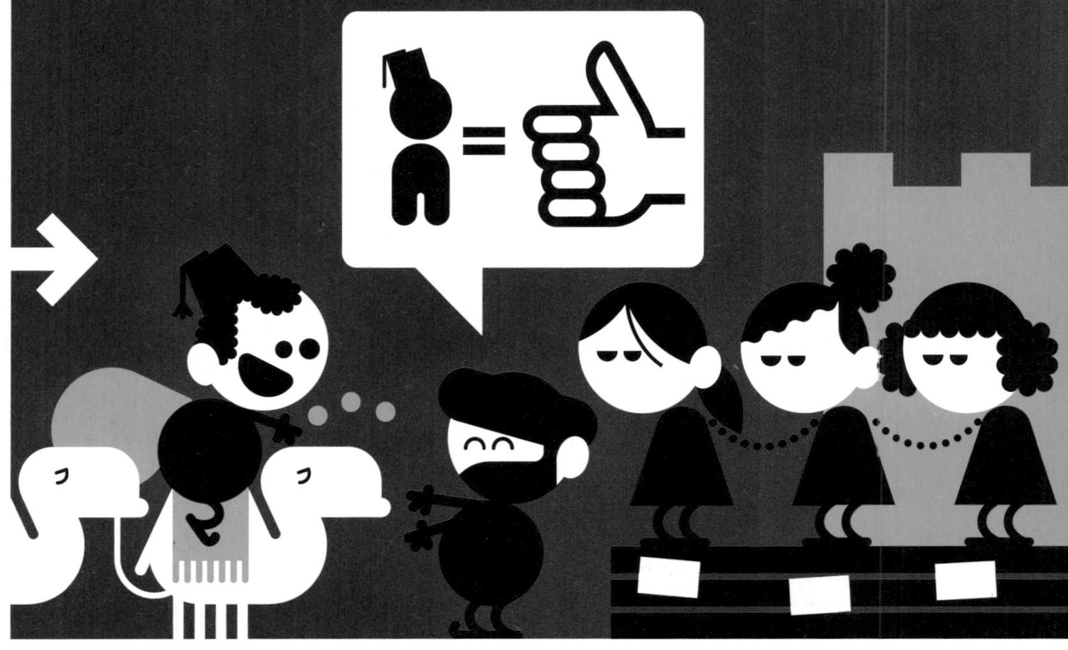

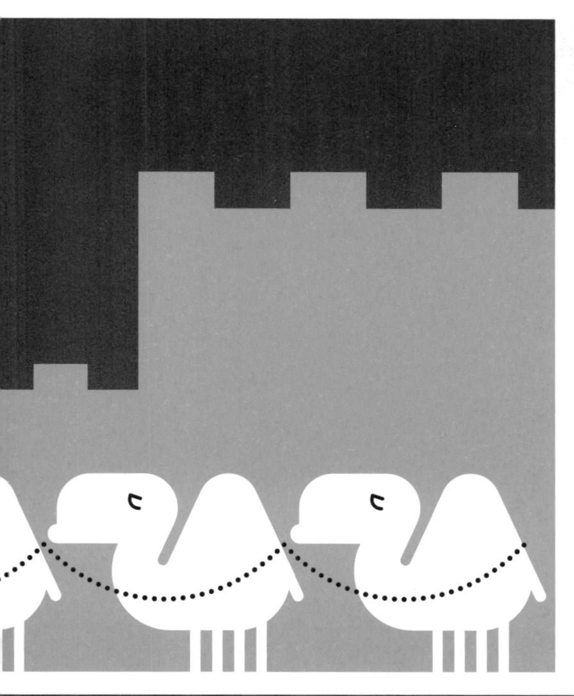
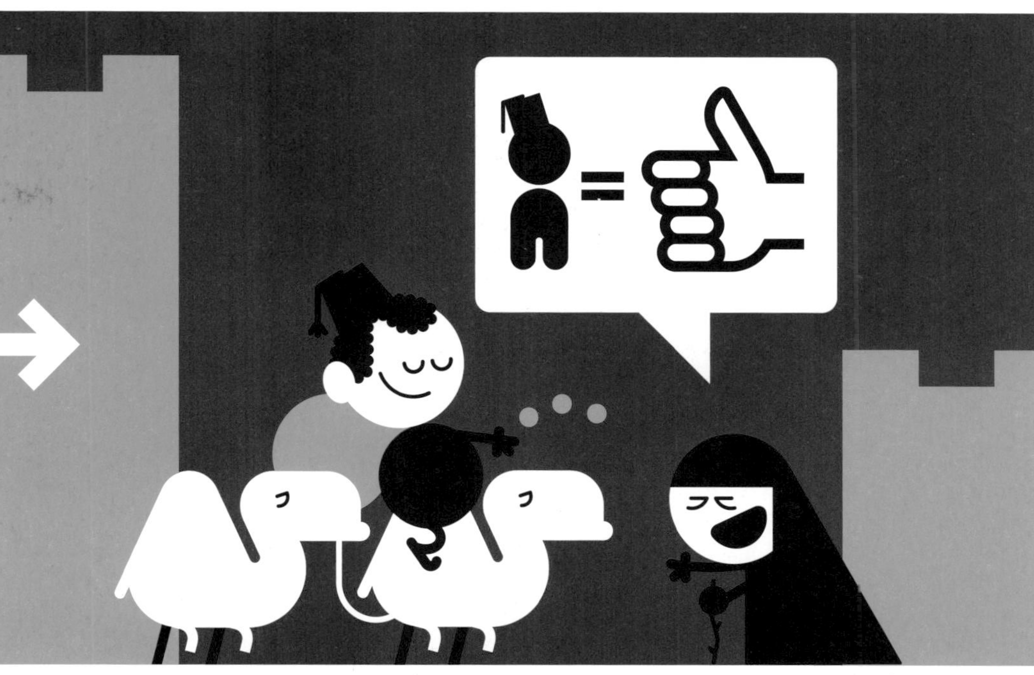
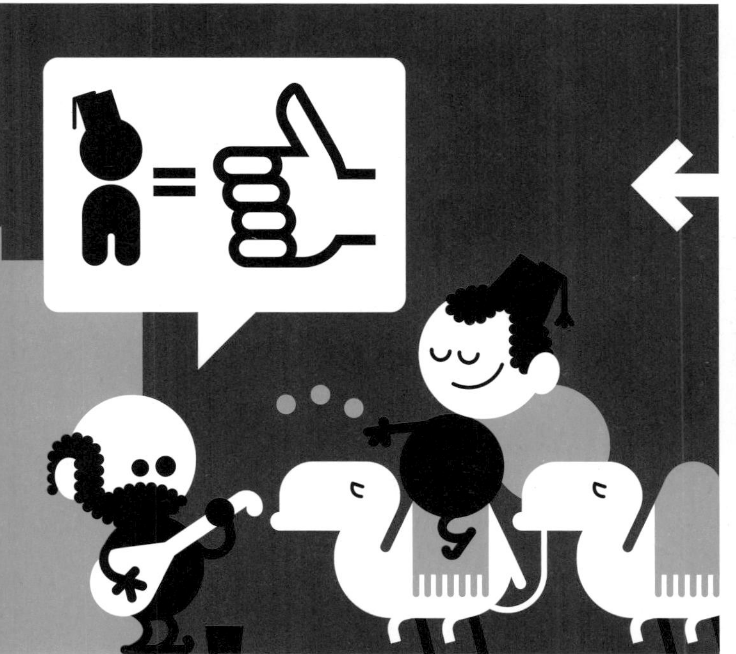
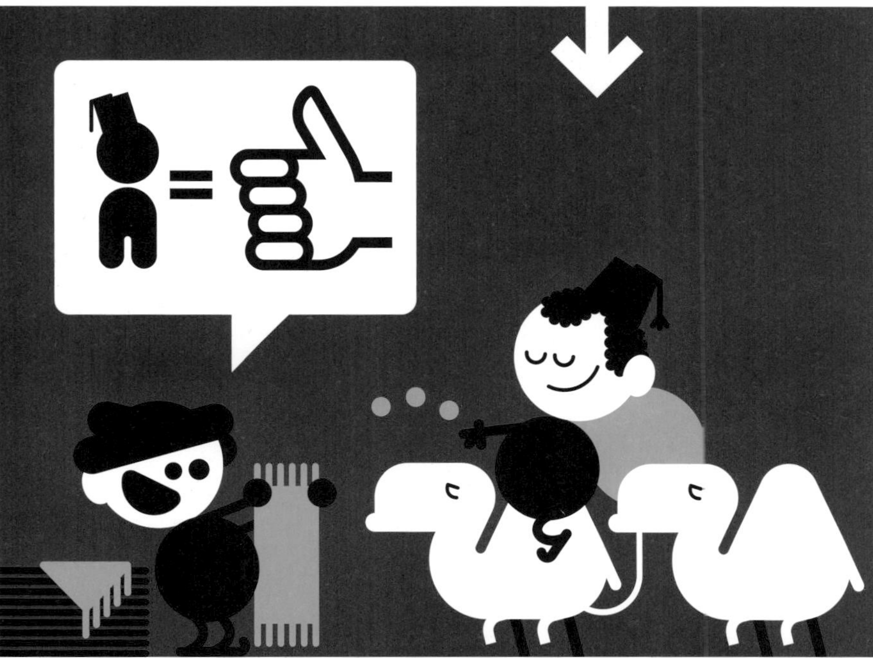
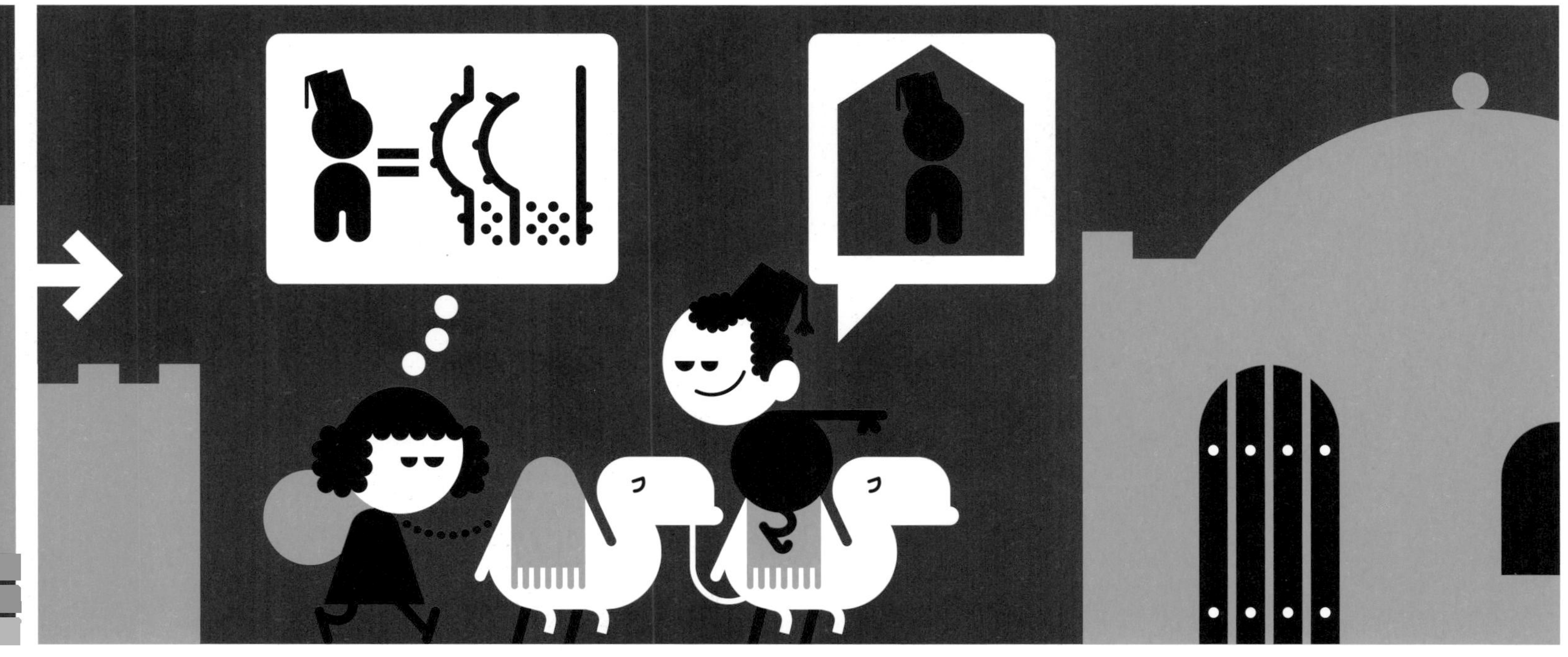

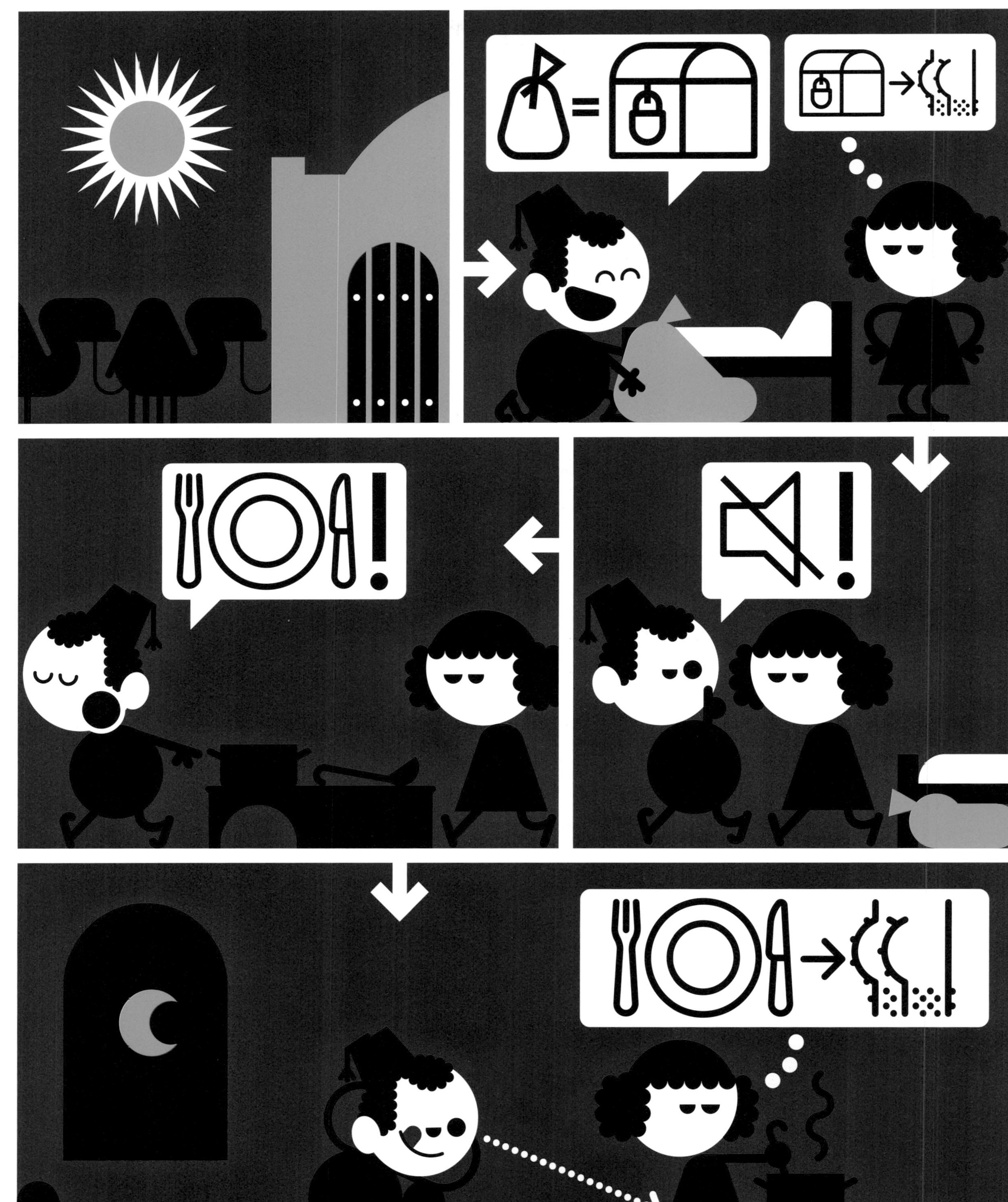

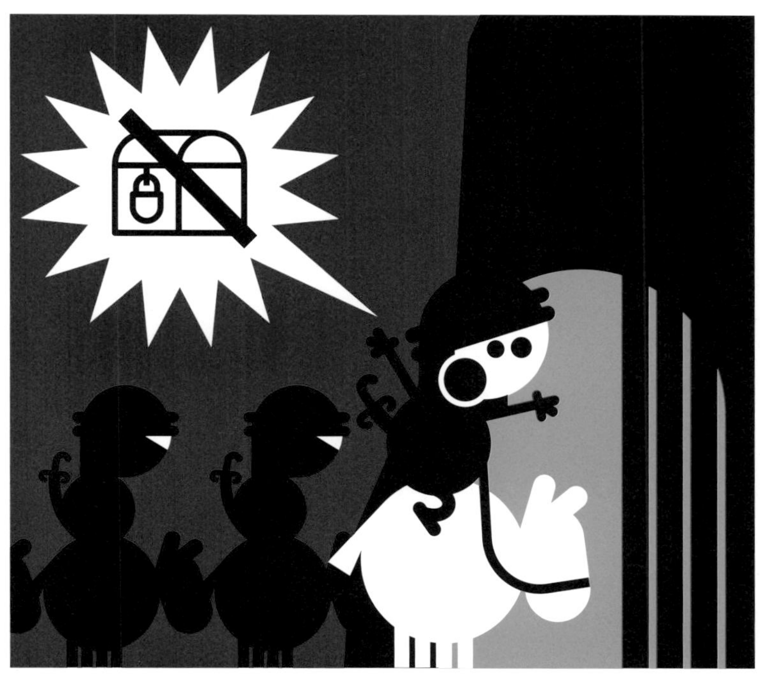

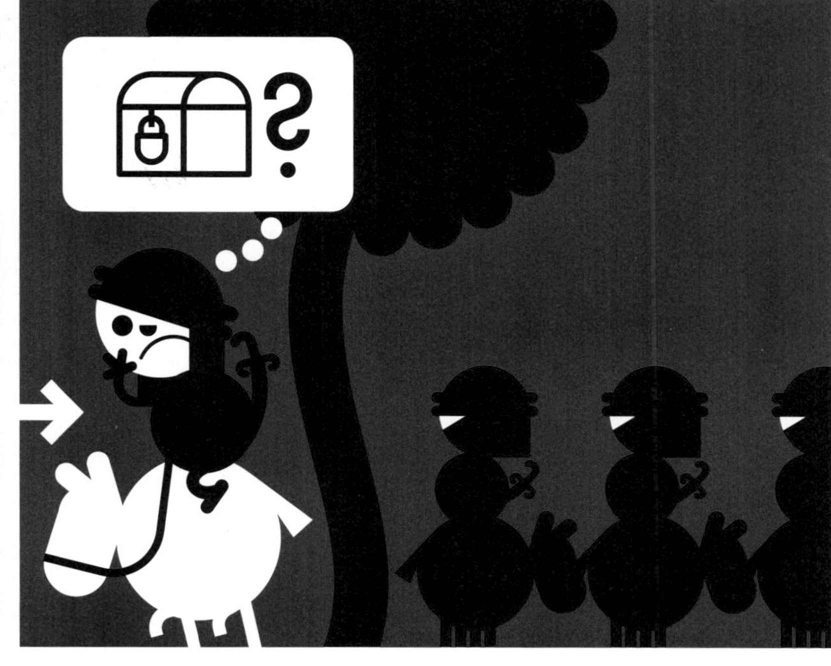

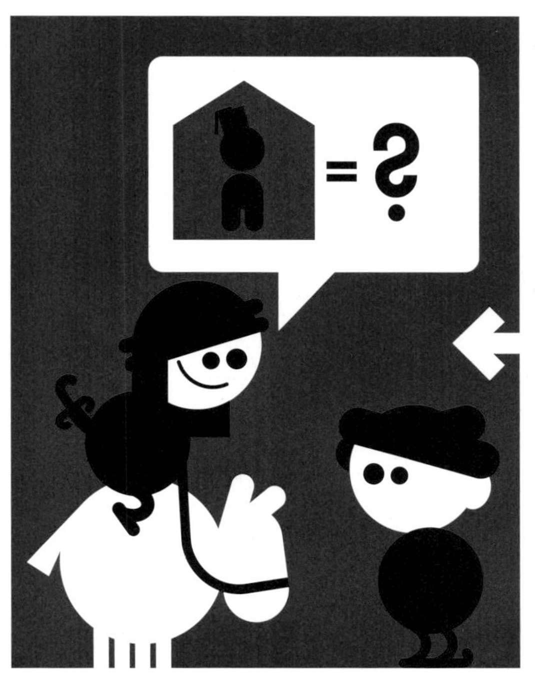
= ?

=

=
?

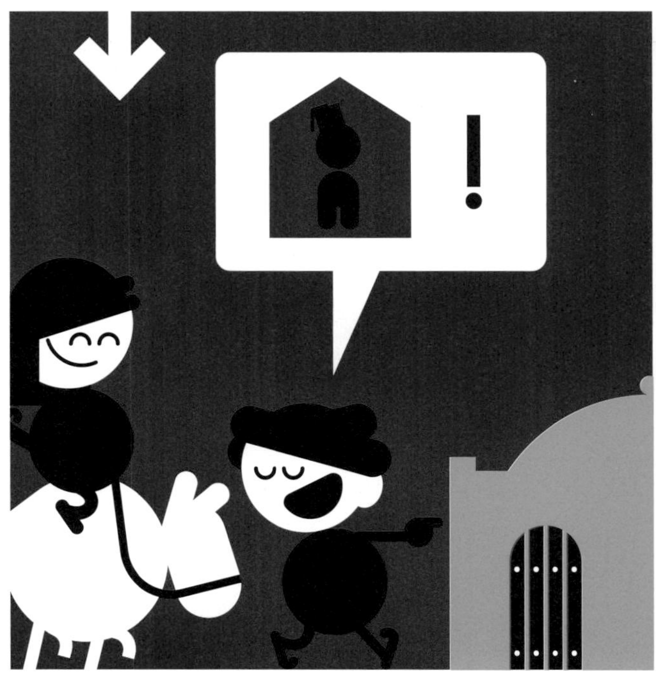
!

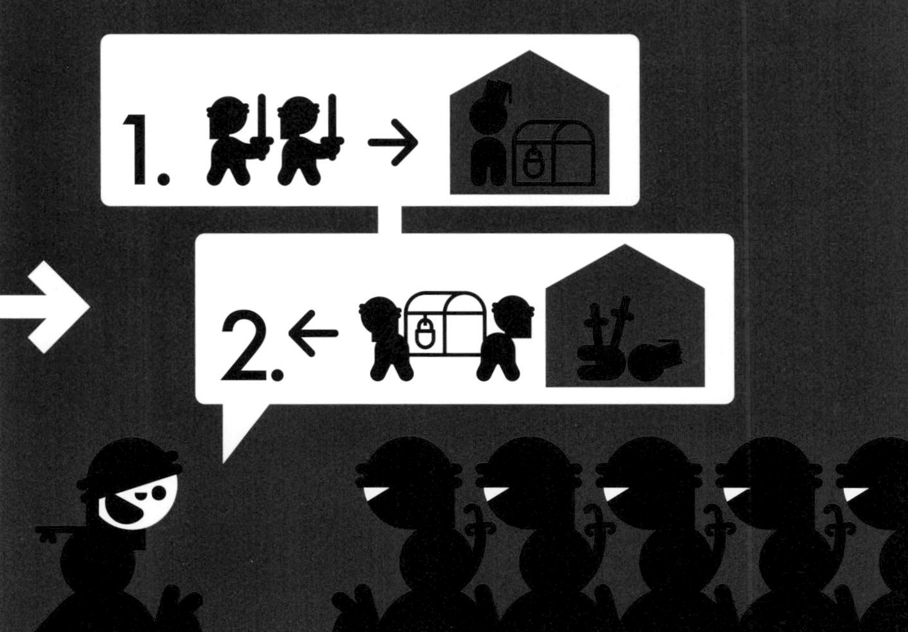
1.
2.

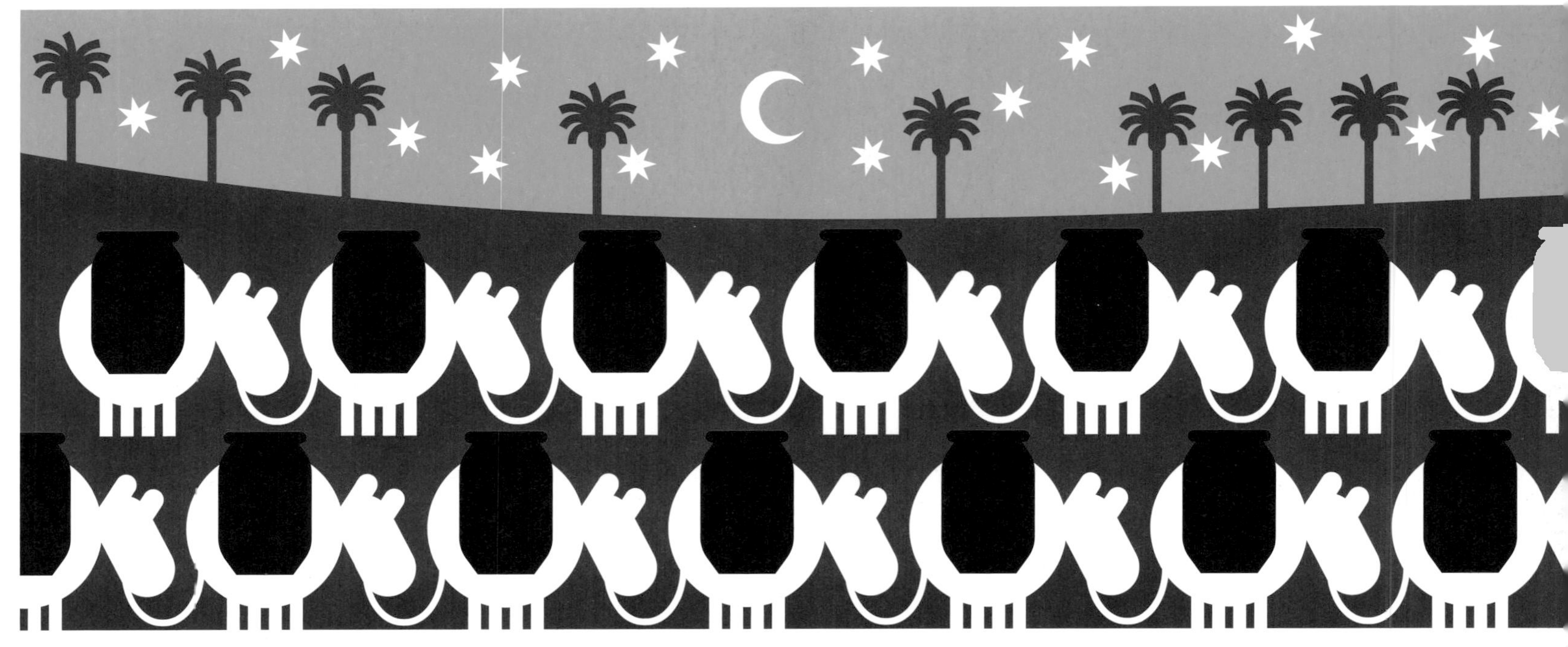
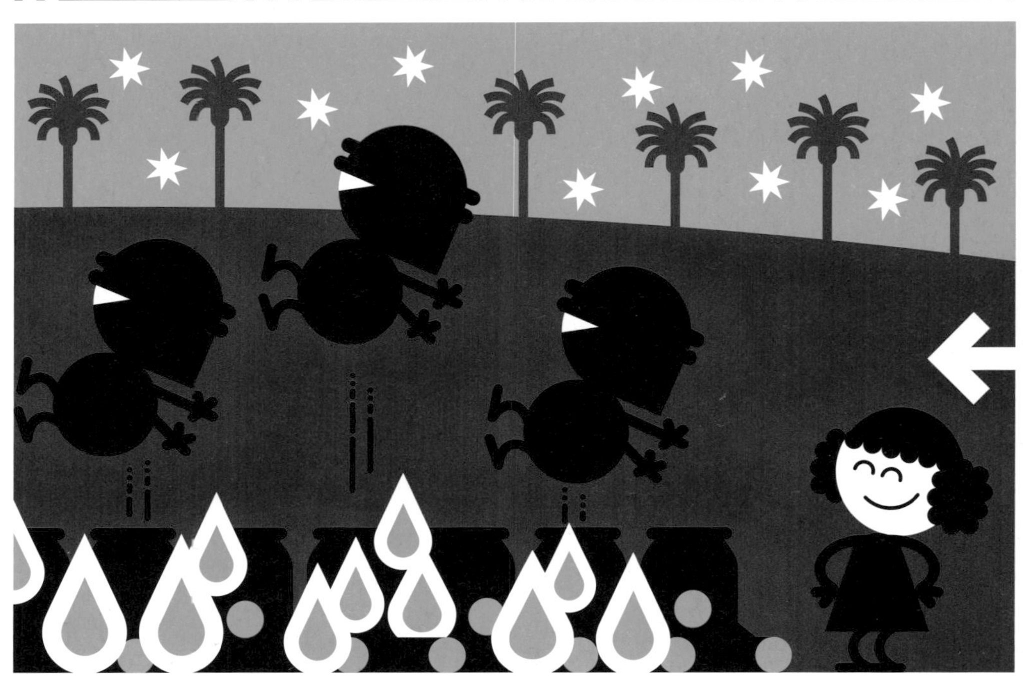
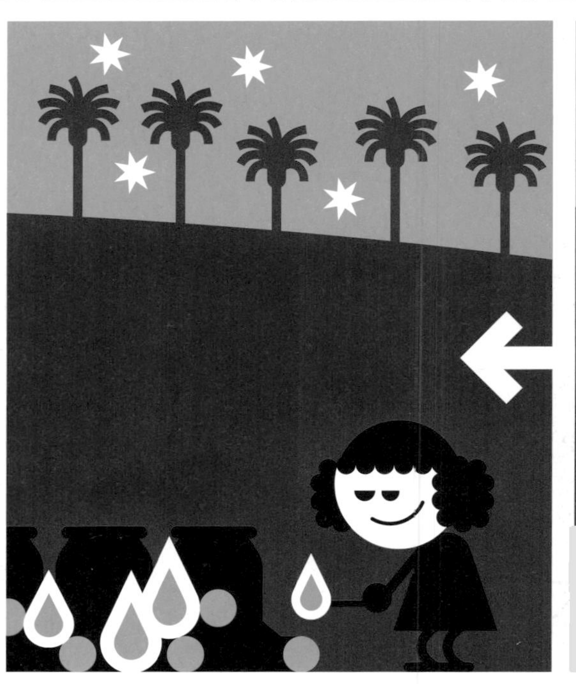
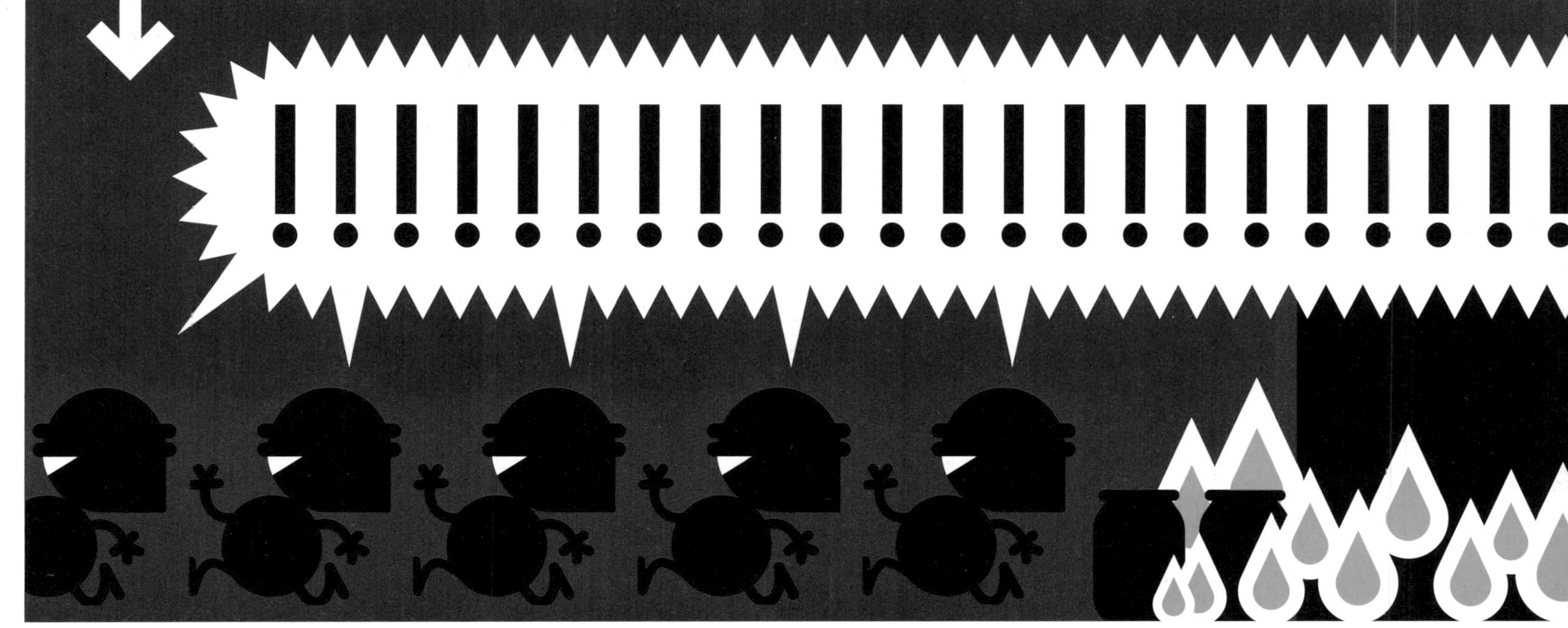

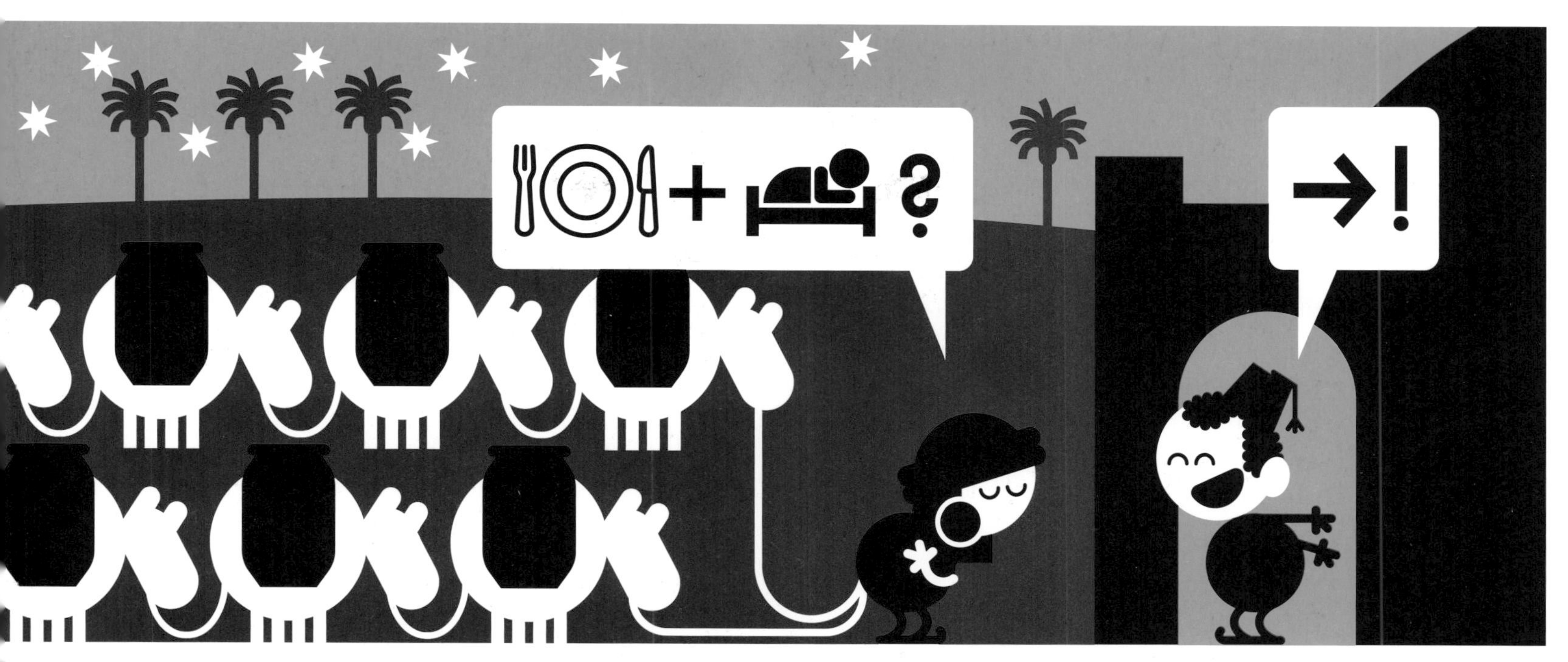
+ ?
→!

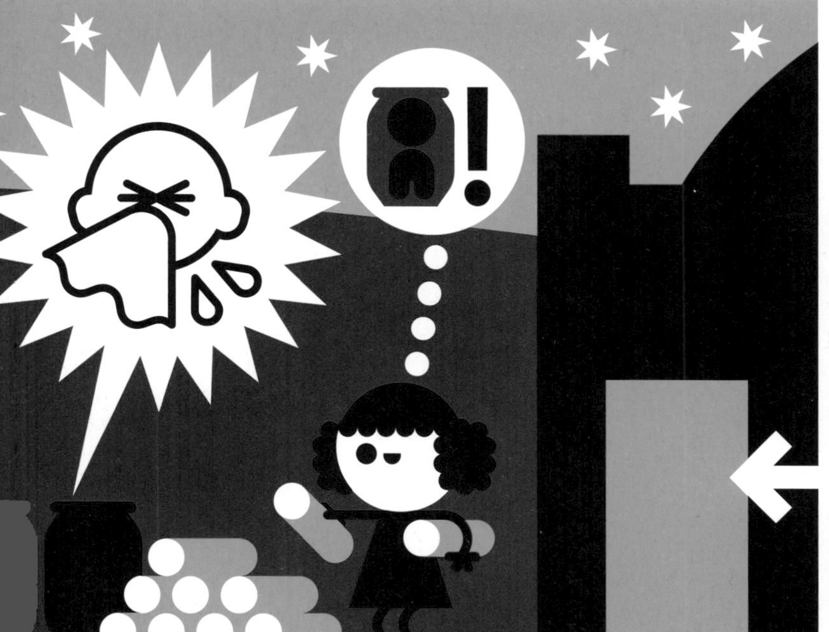
!

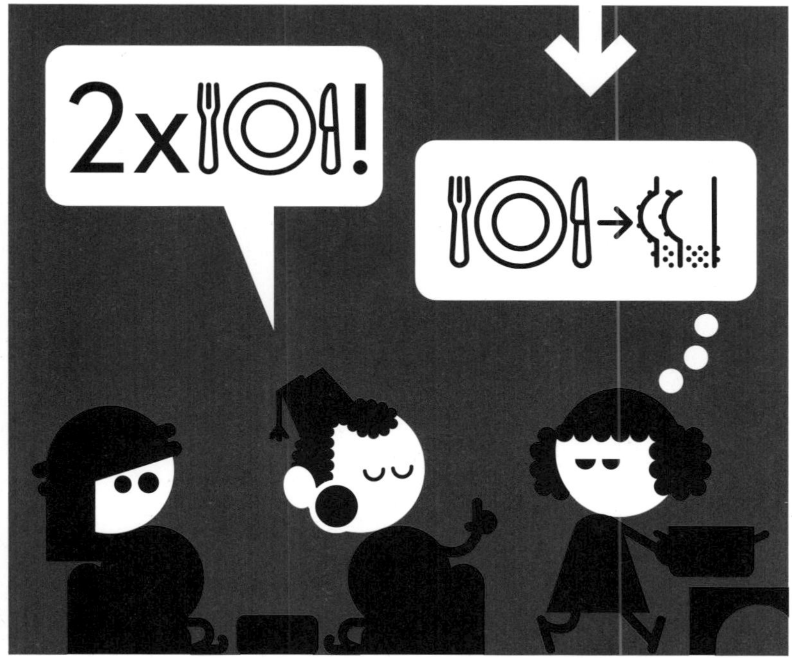
2x!

!!!
!

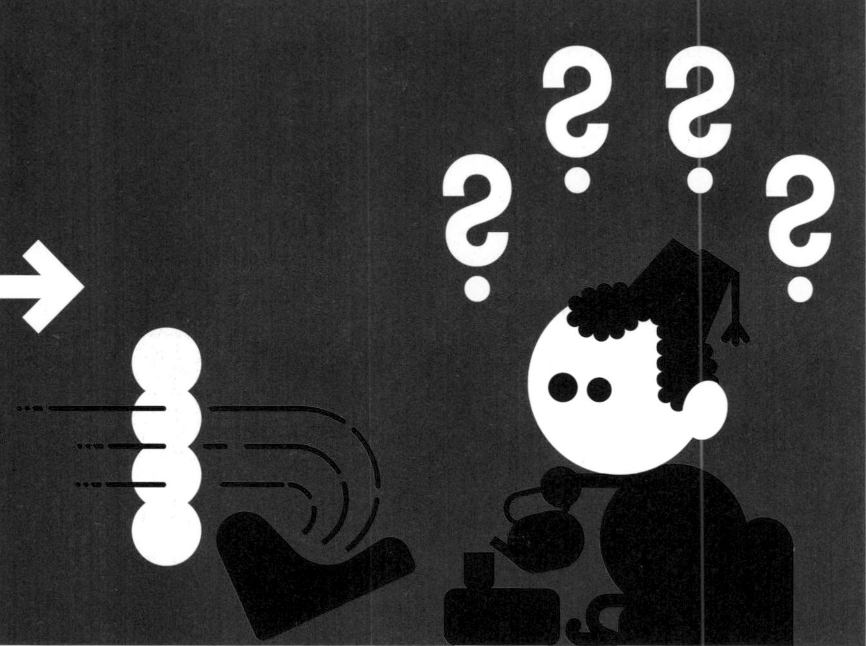
? ? ? ?

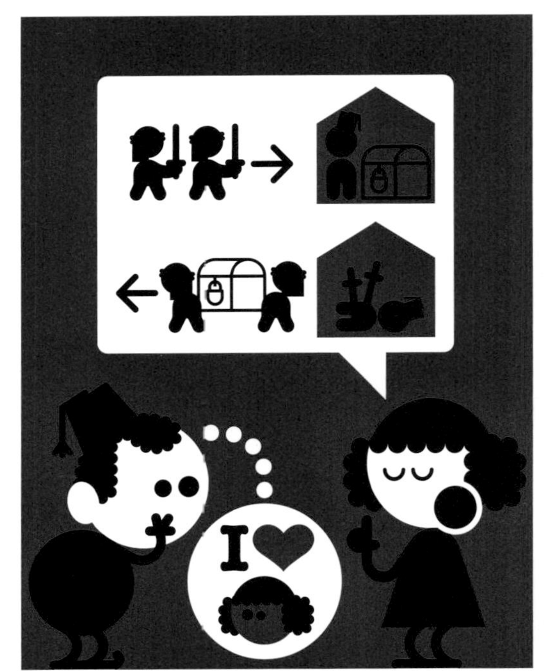

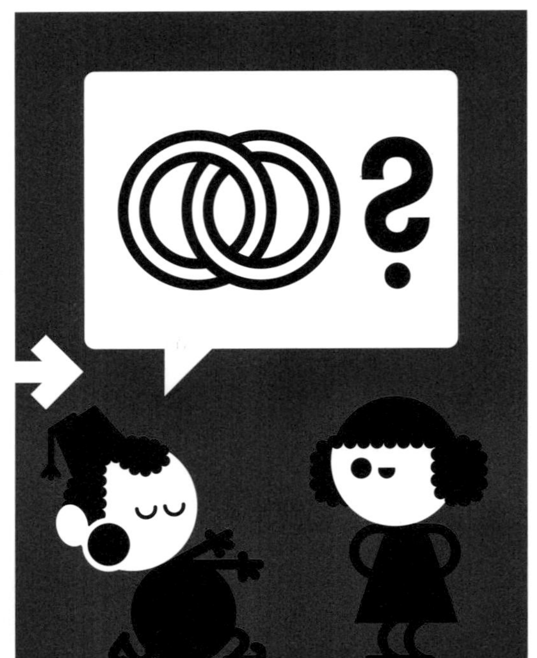

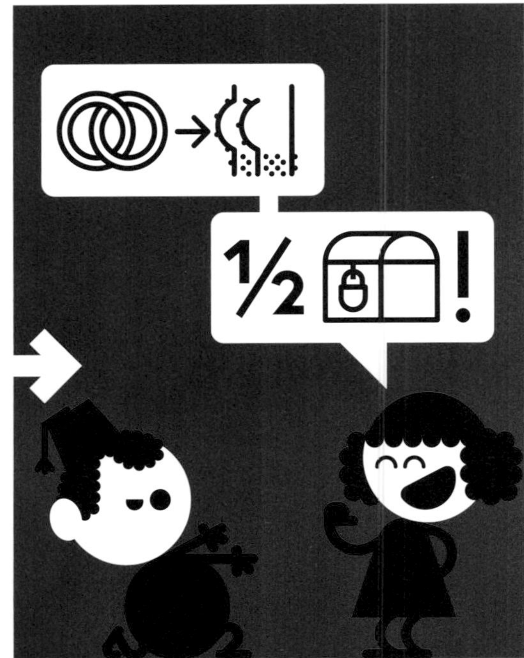

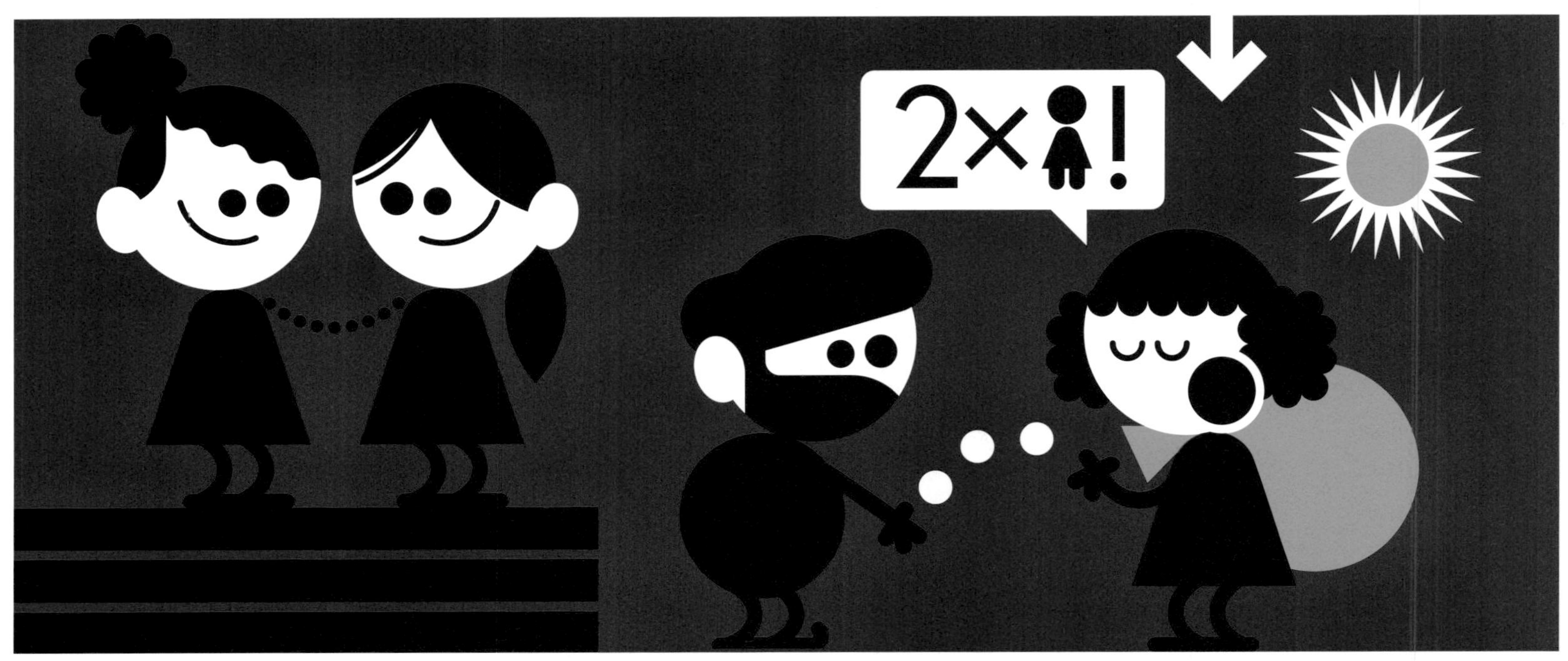

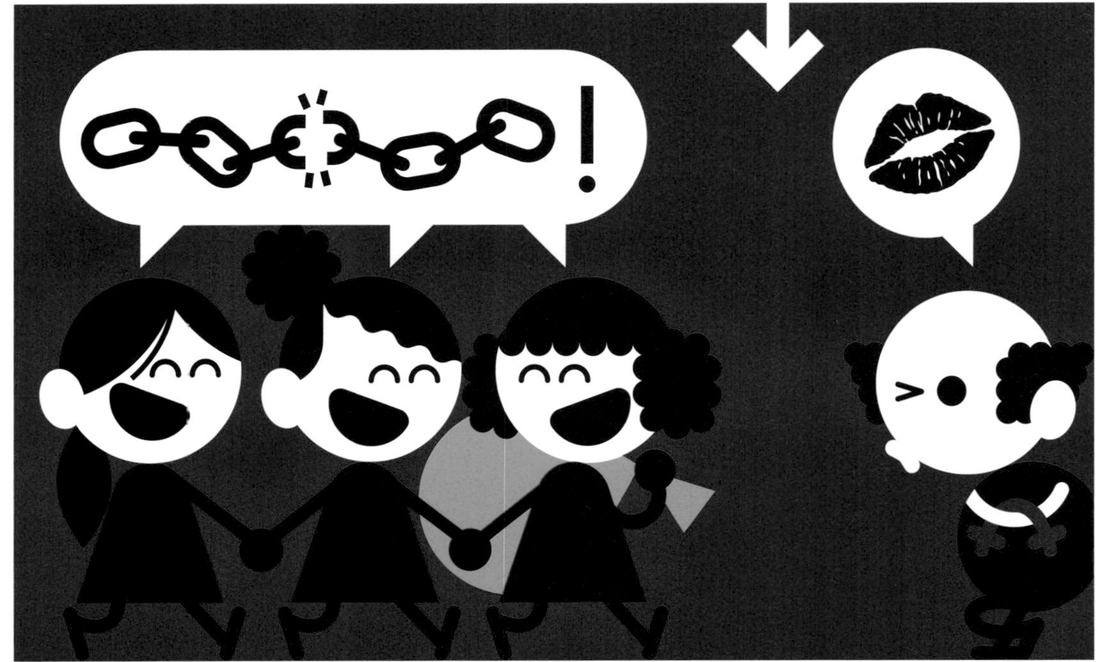

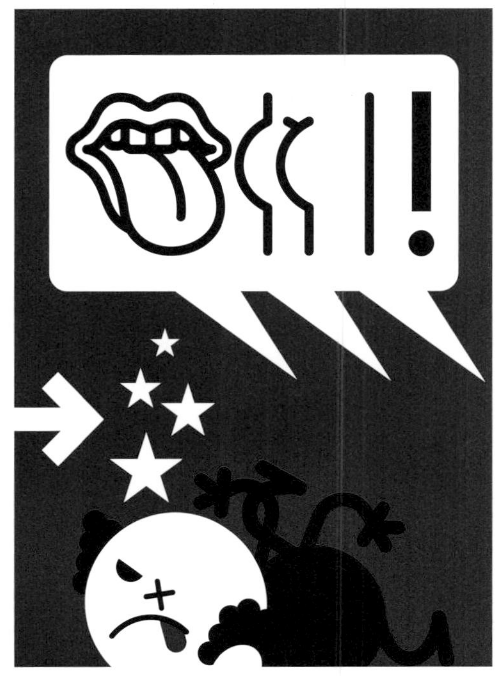

ENDE

Der Rattenfänger von Hameln

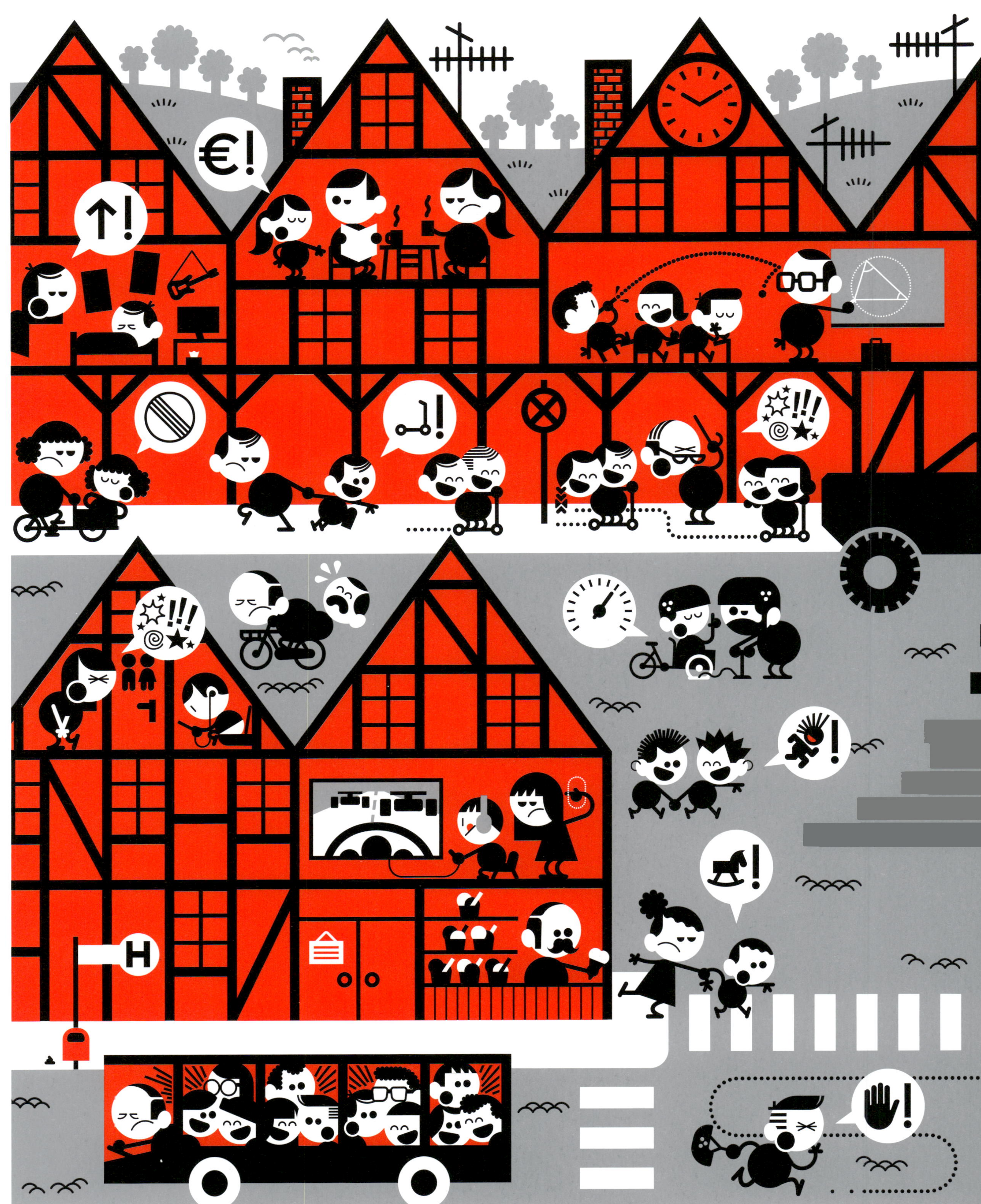
€!
H

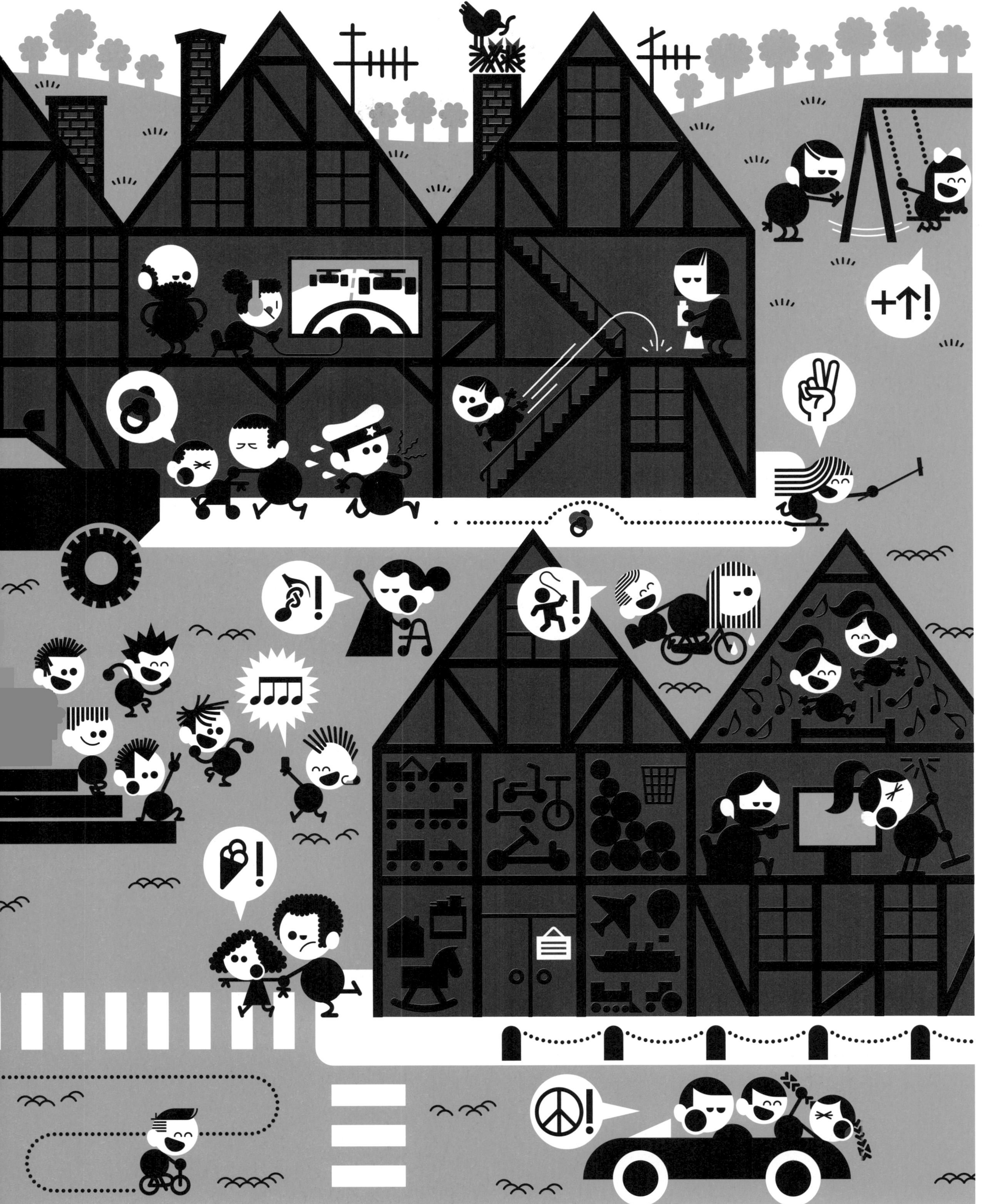

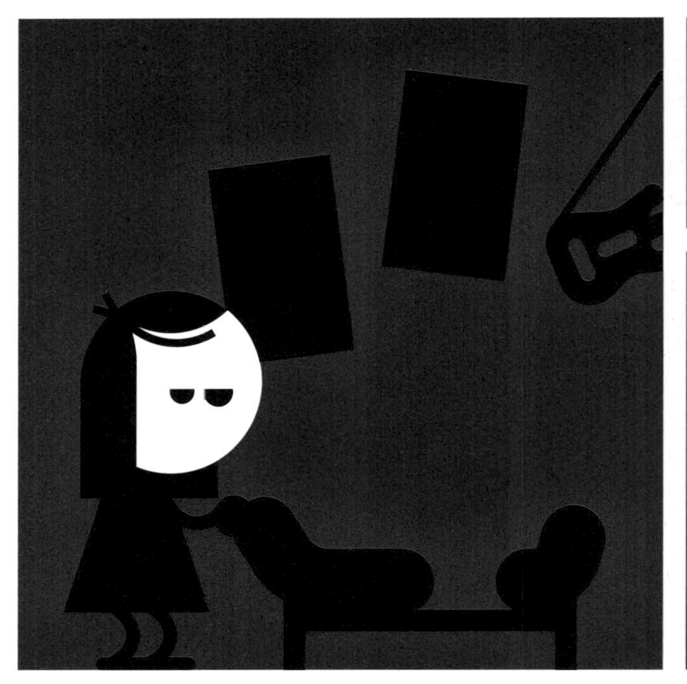
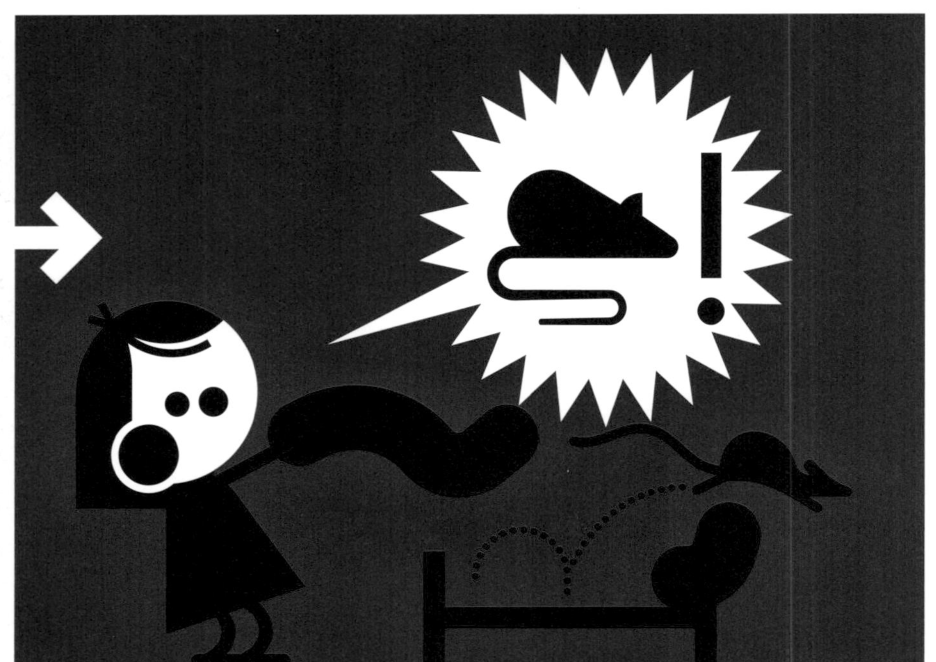
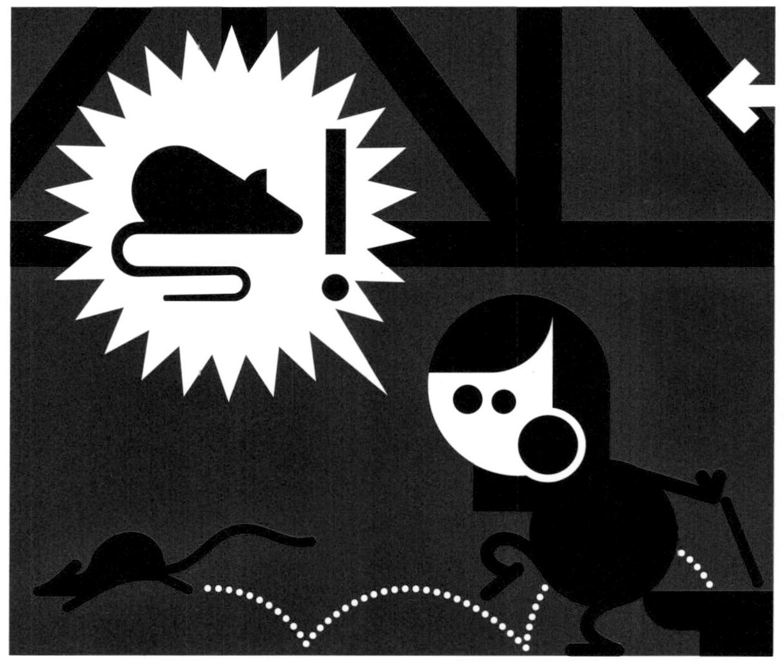
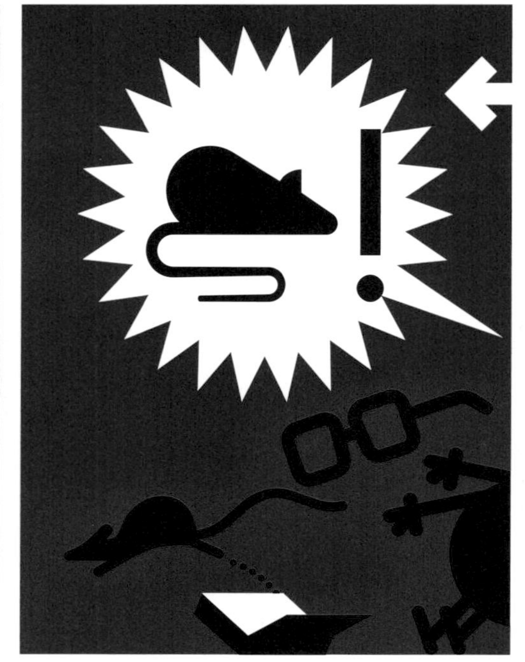
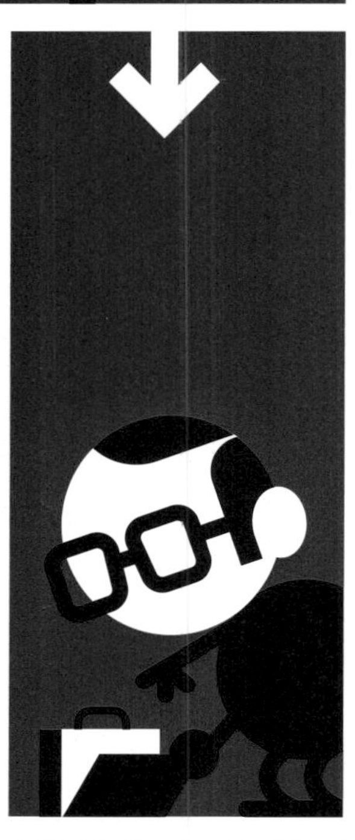
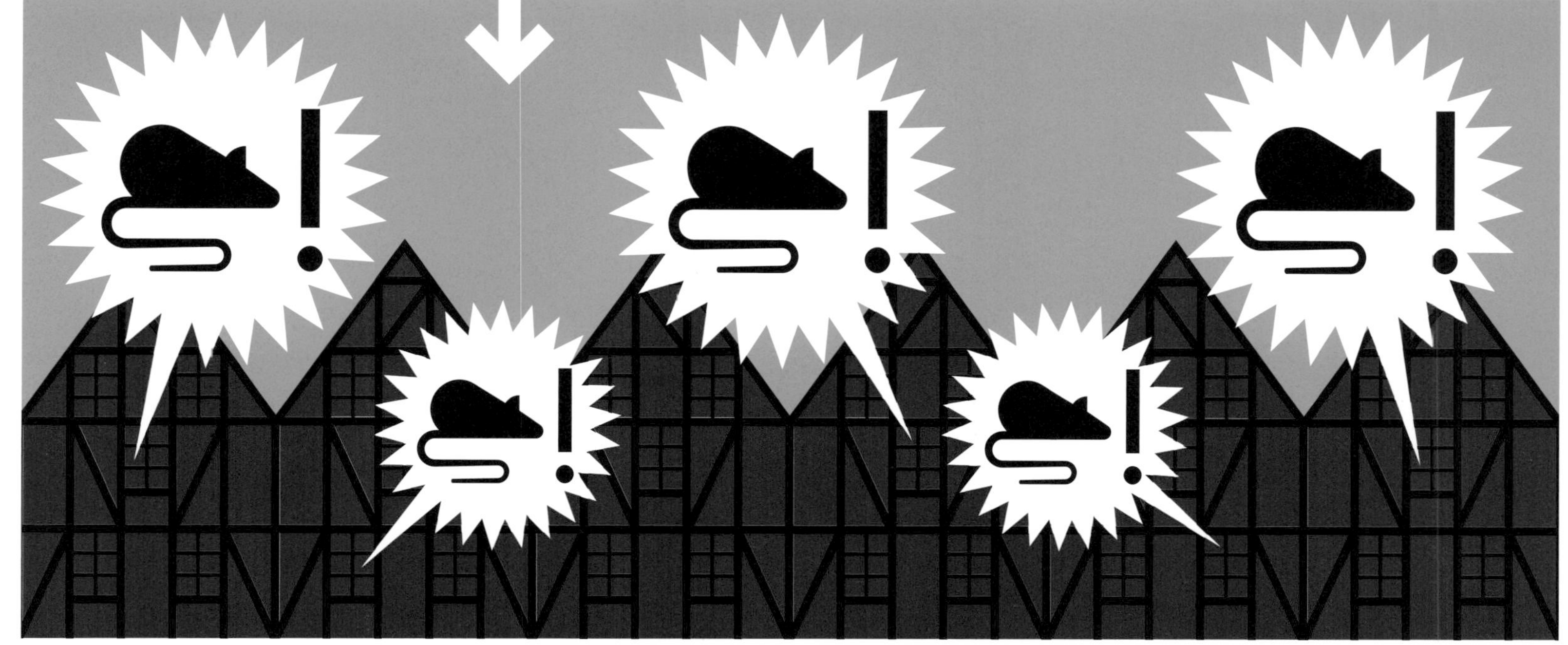

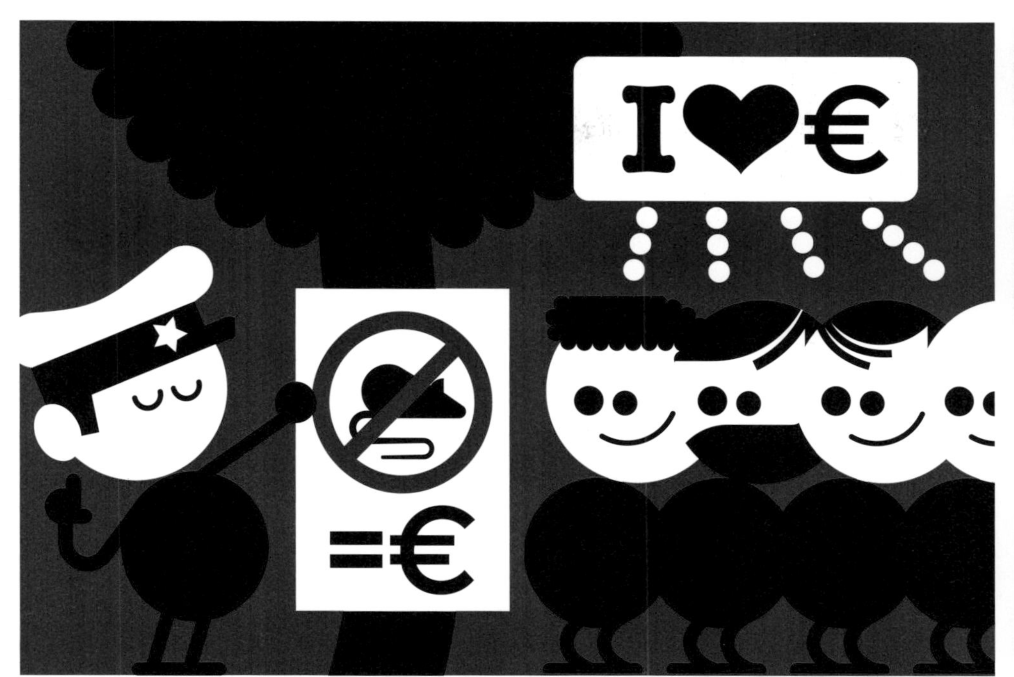
I ♥ €
=€

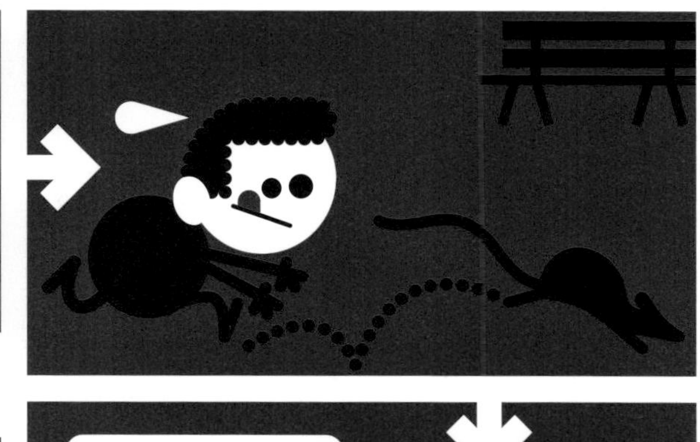

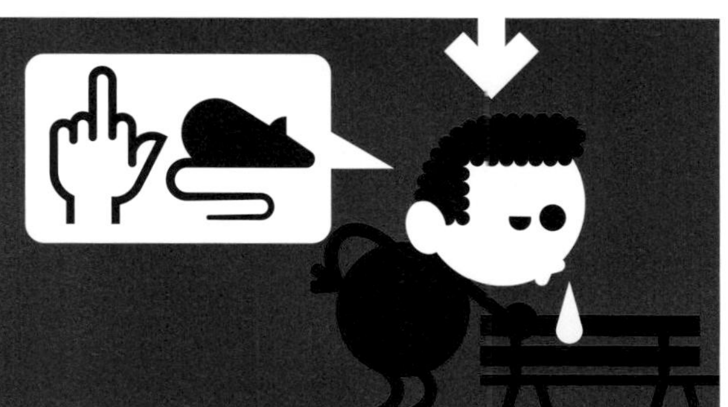

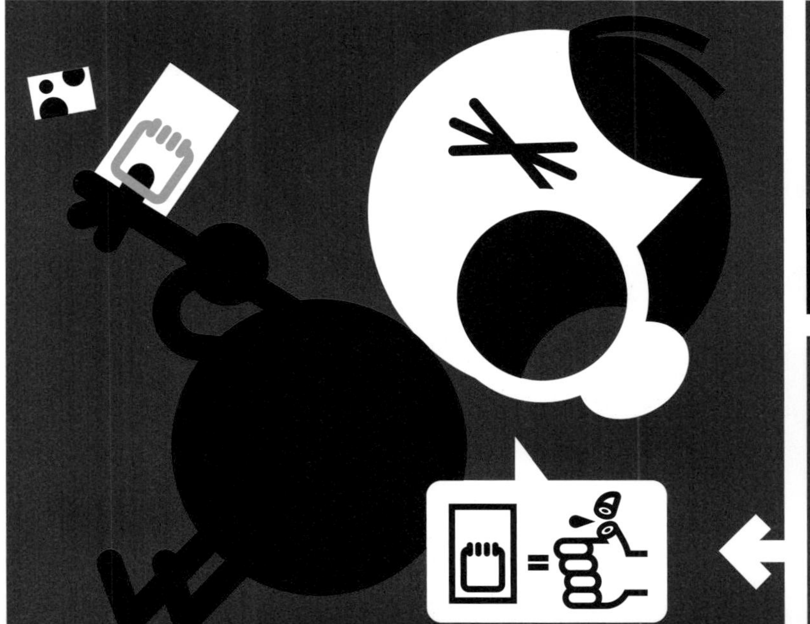

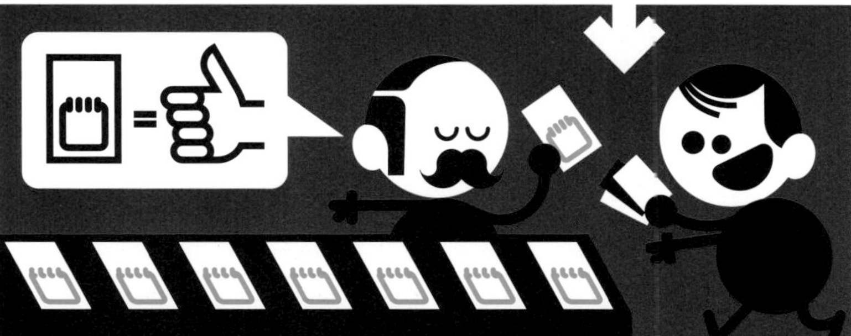

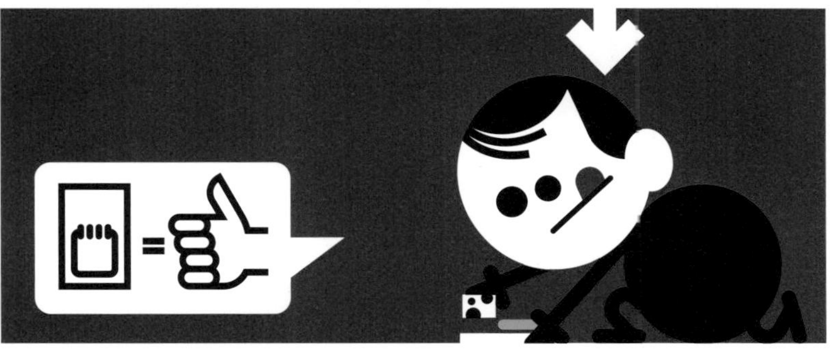

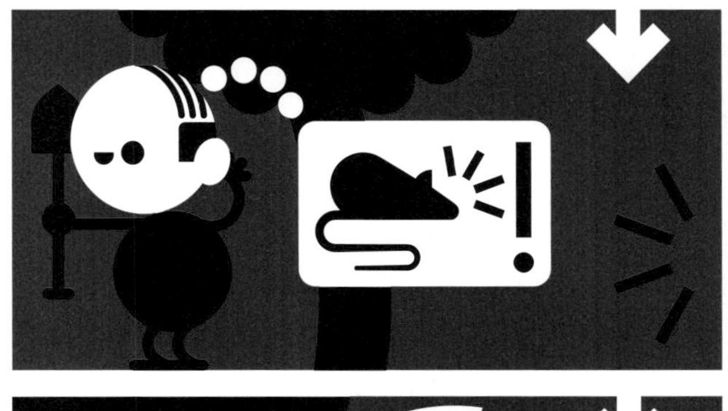

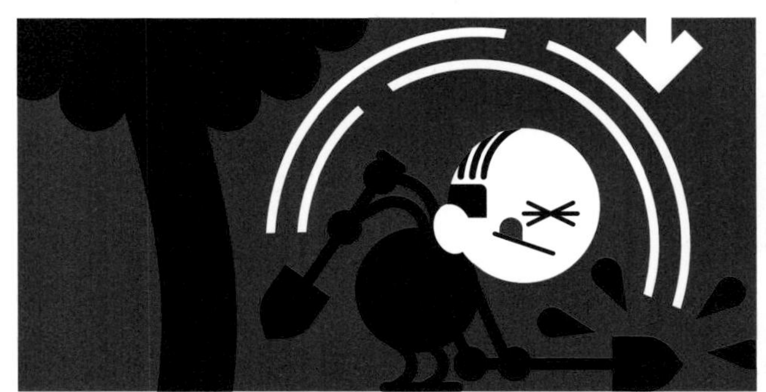

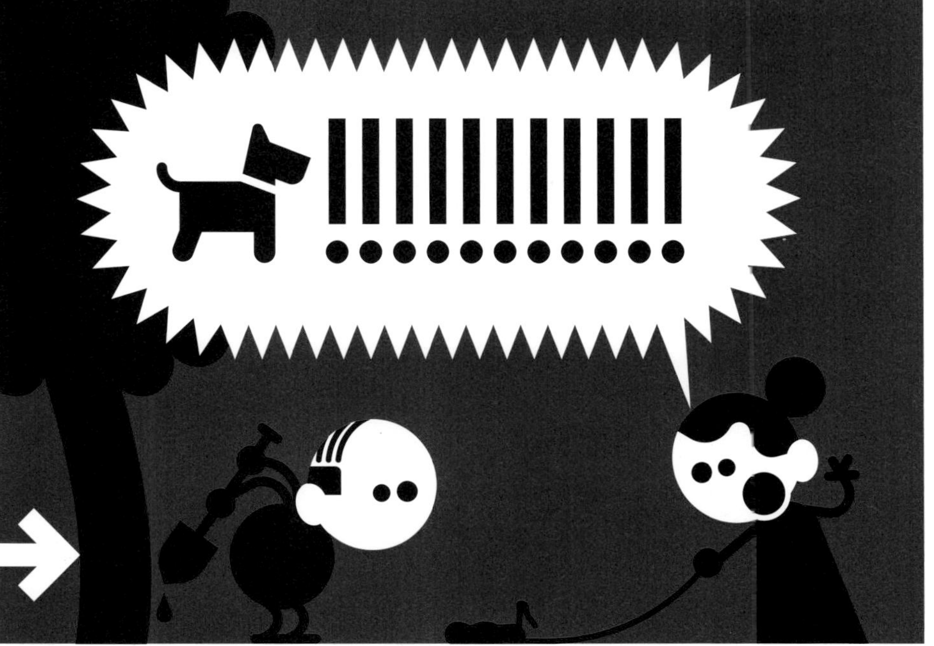

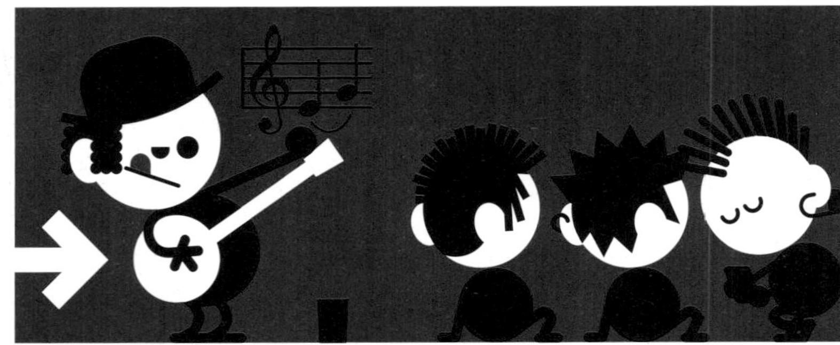

4×

≠
A
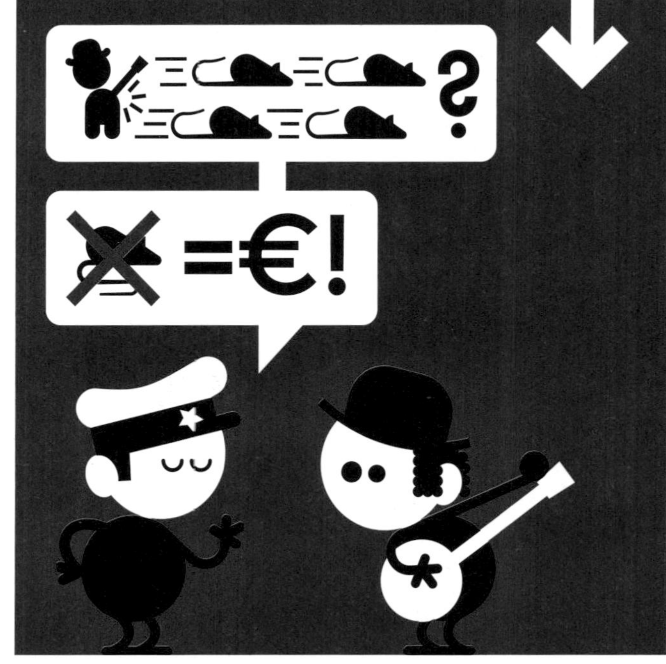
?
=€!

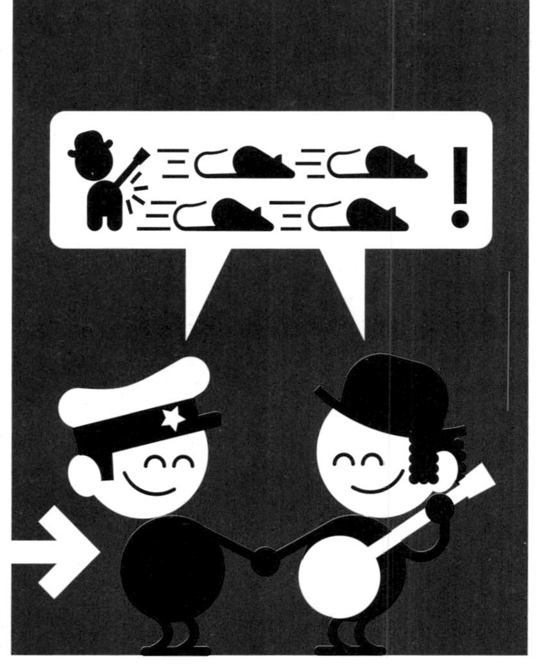
!

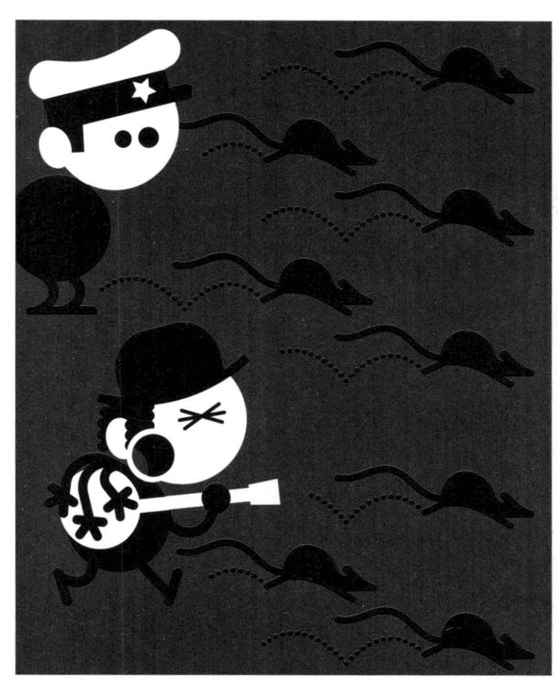
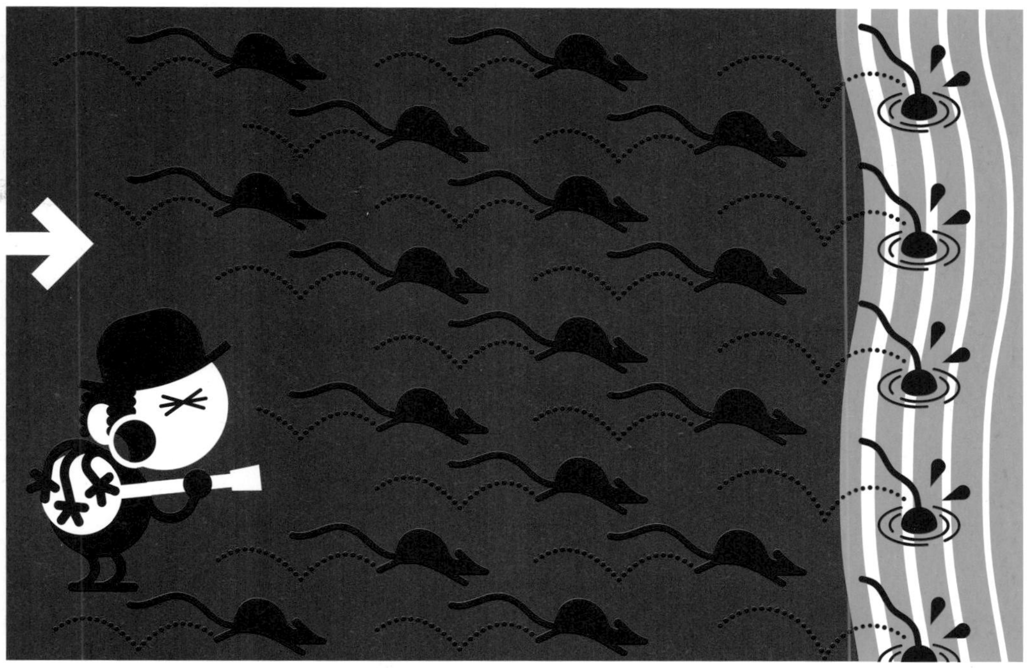
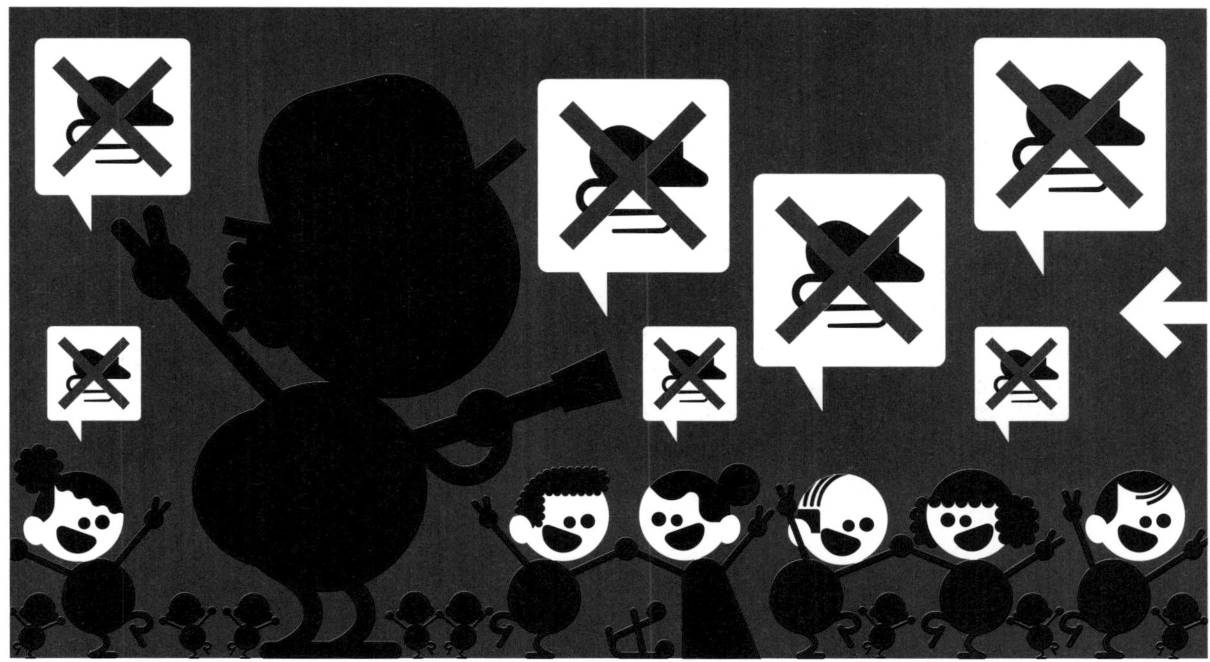

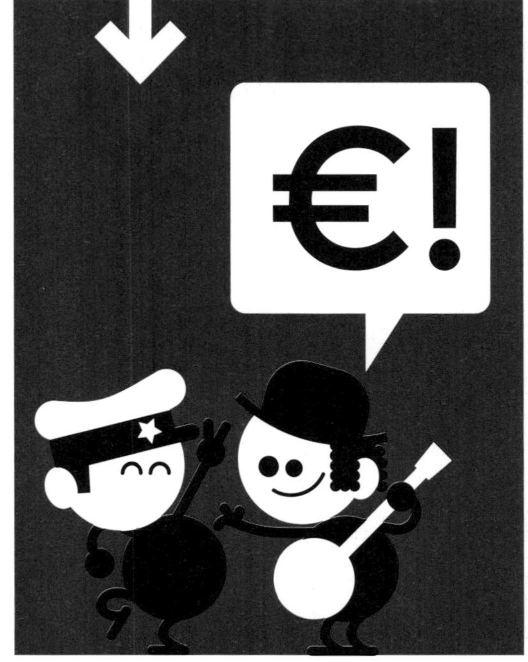

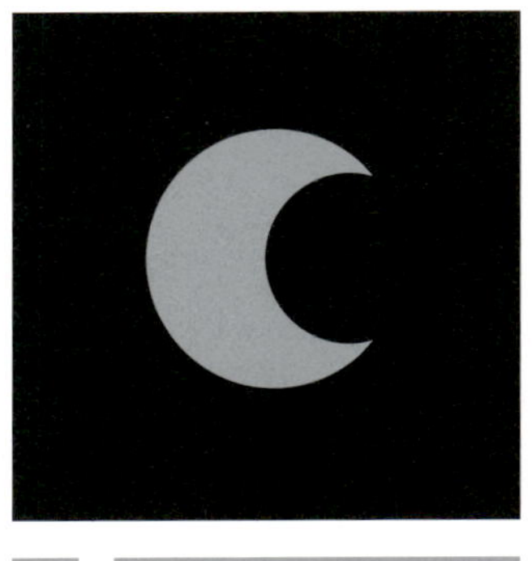

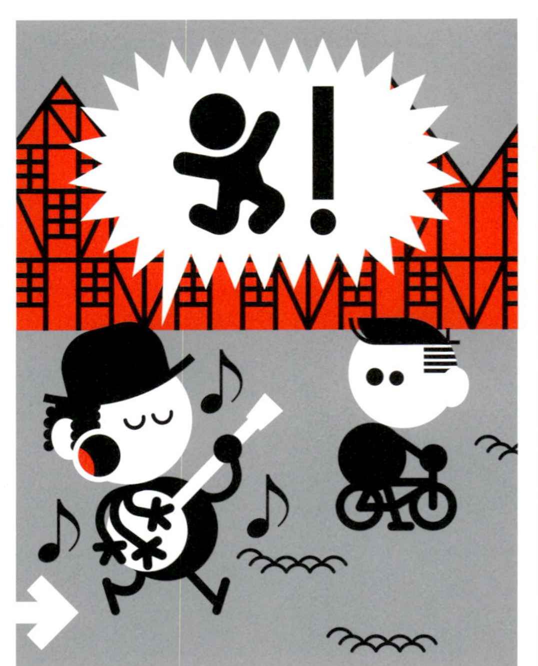

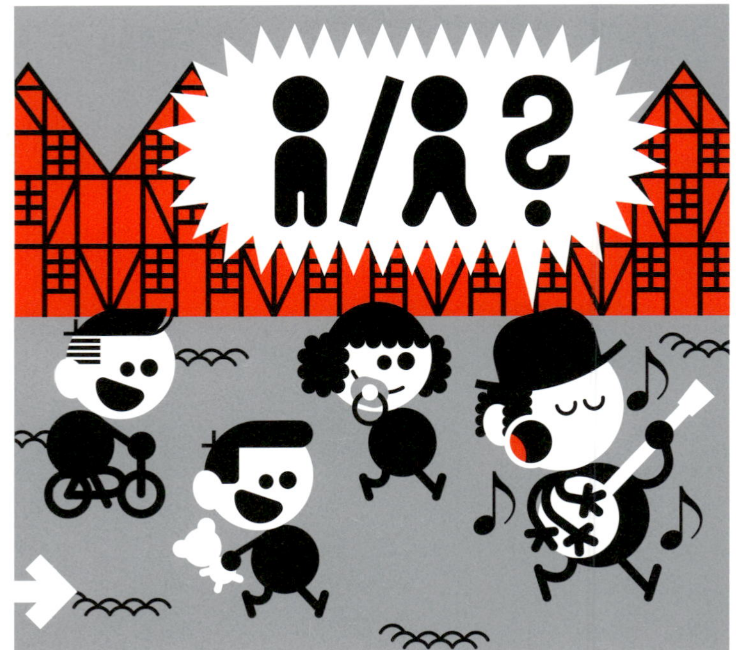

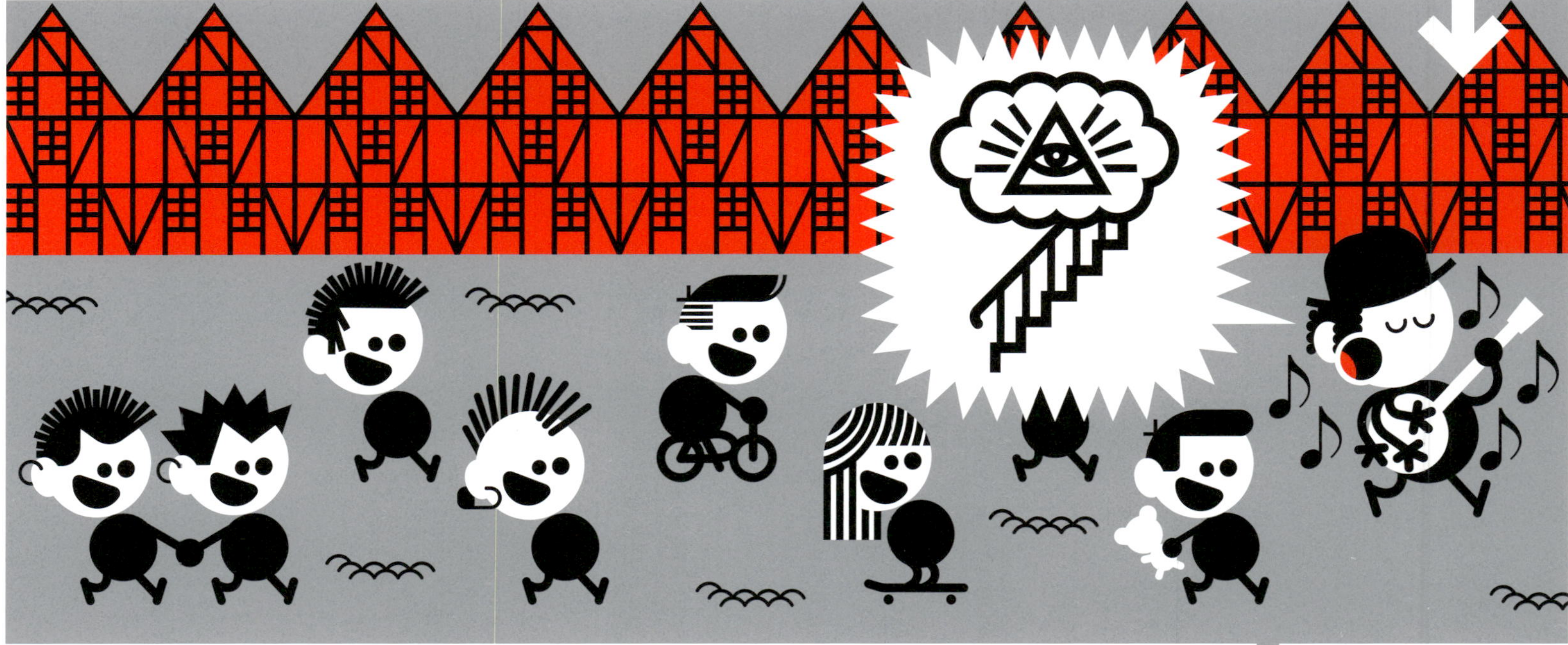
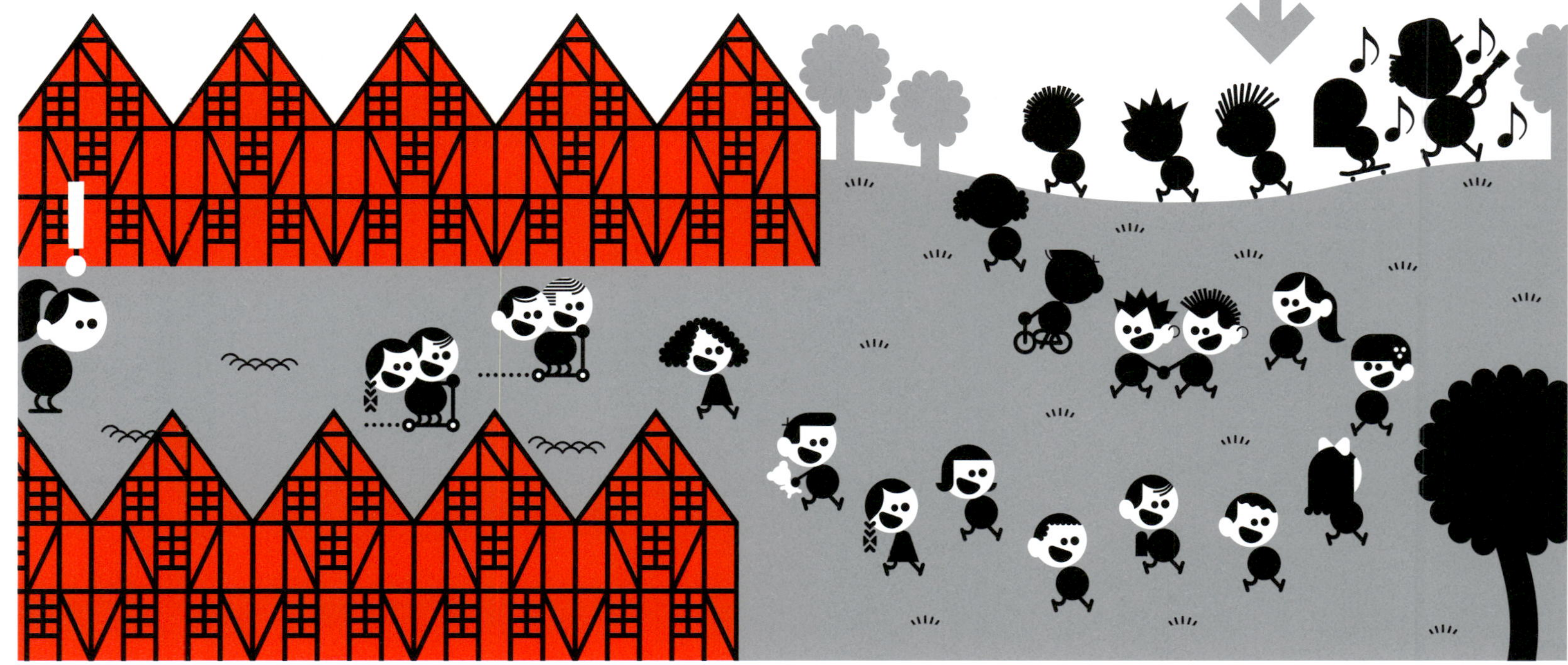

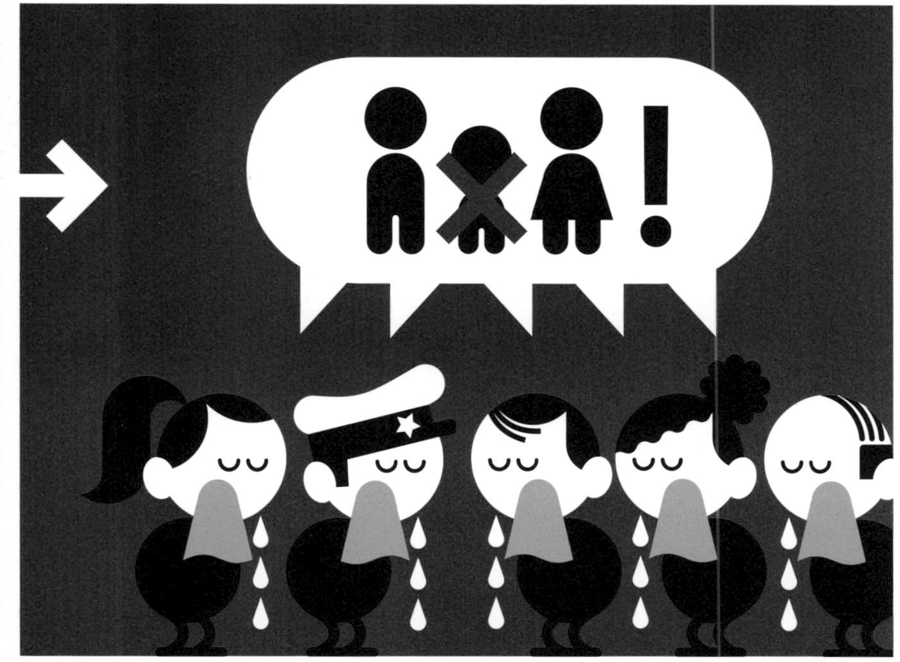
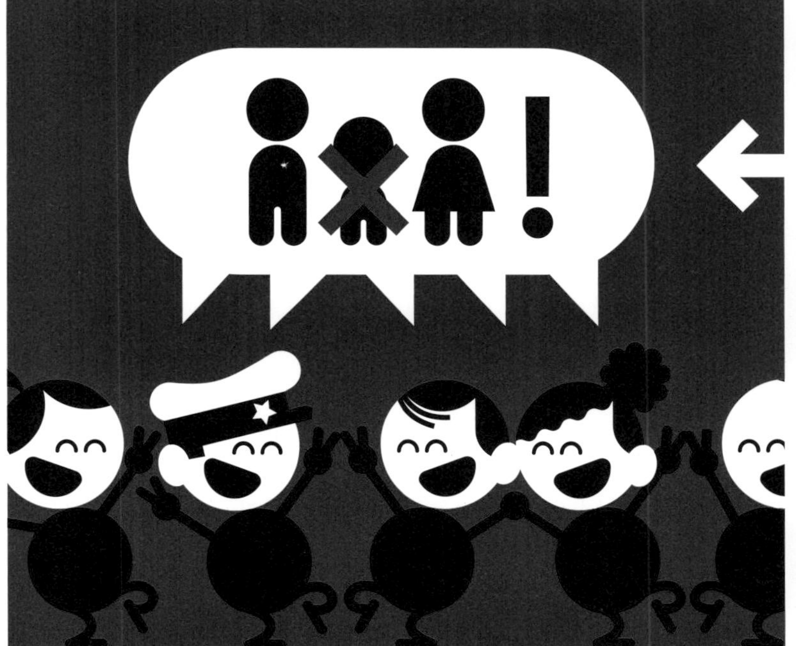
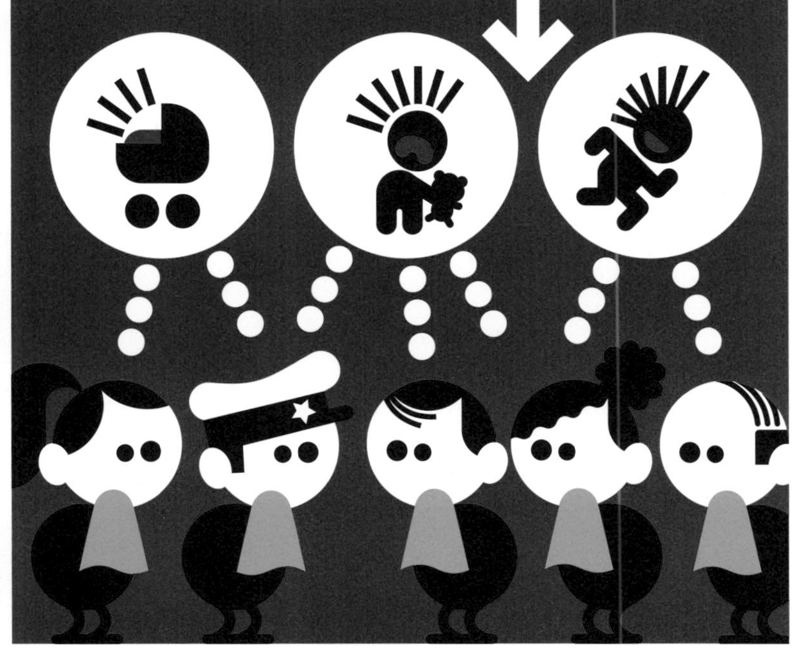

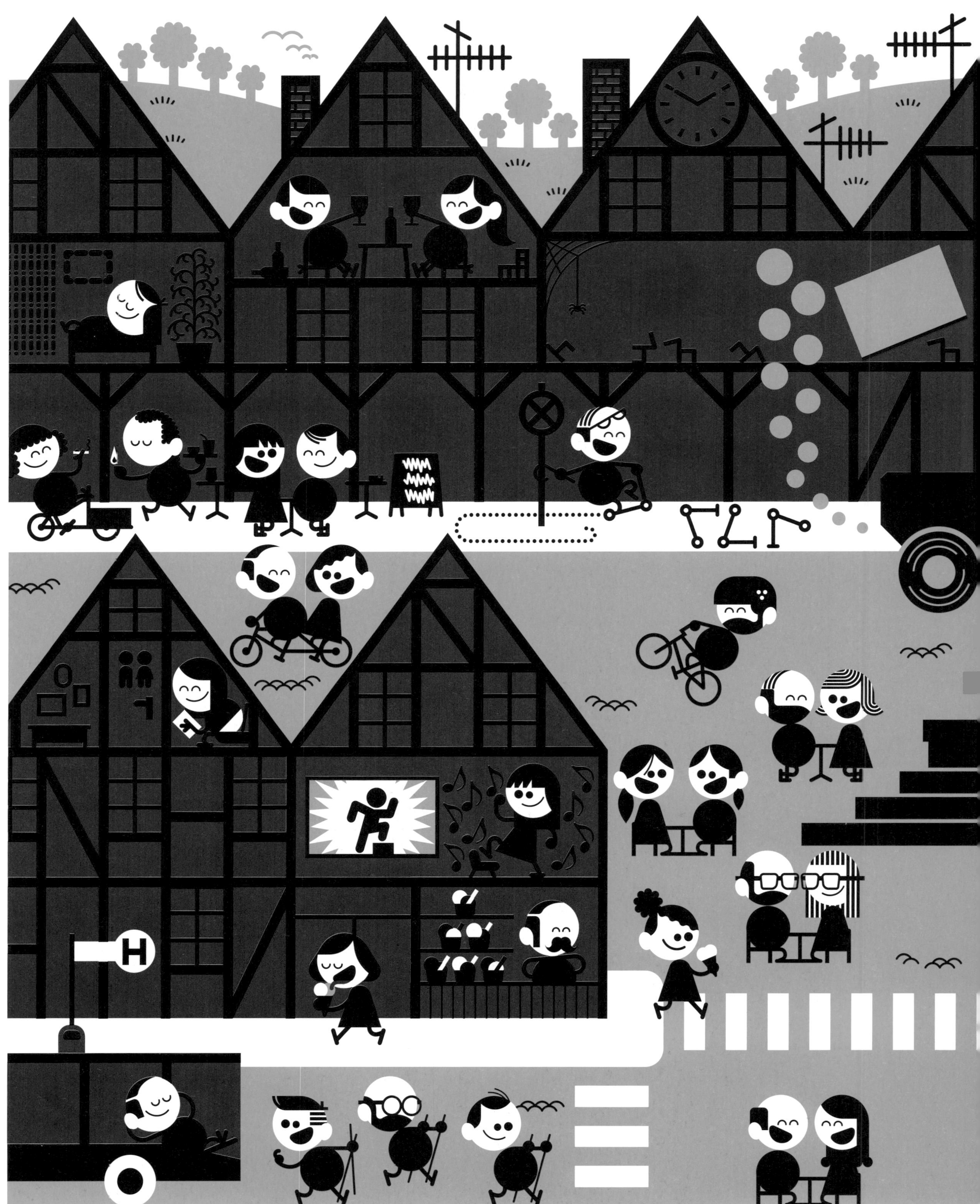
H

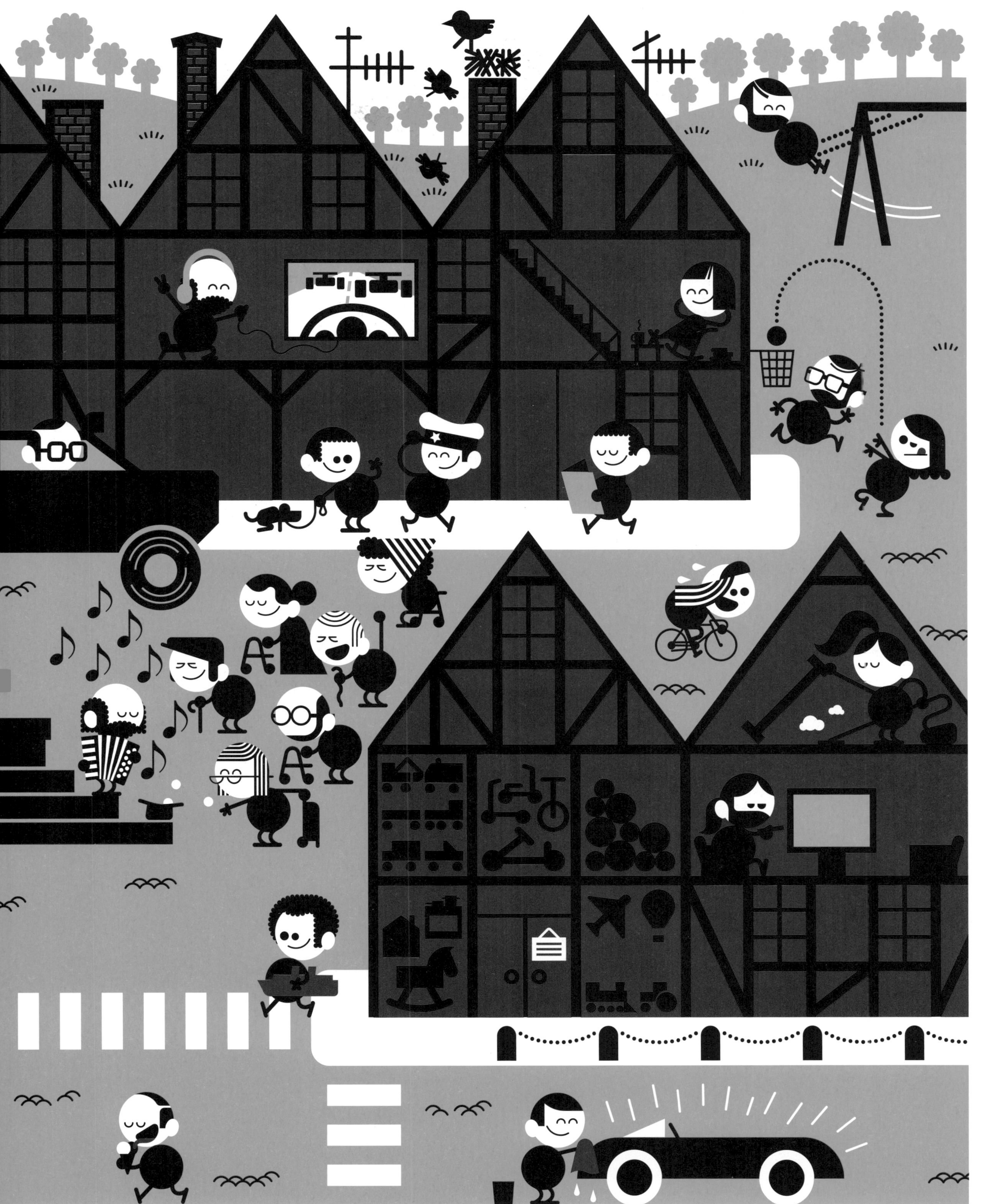

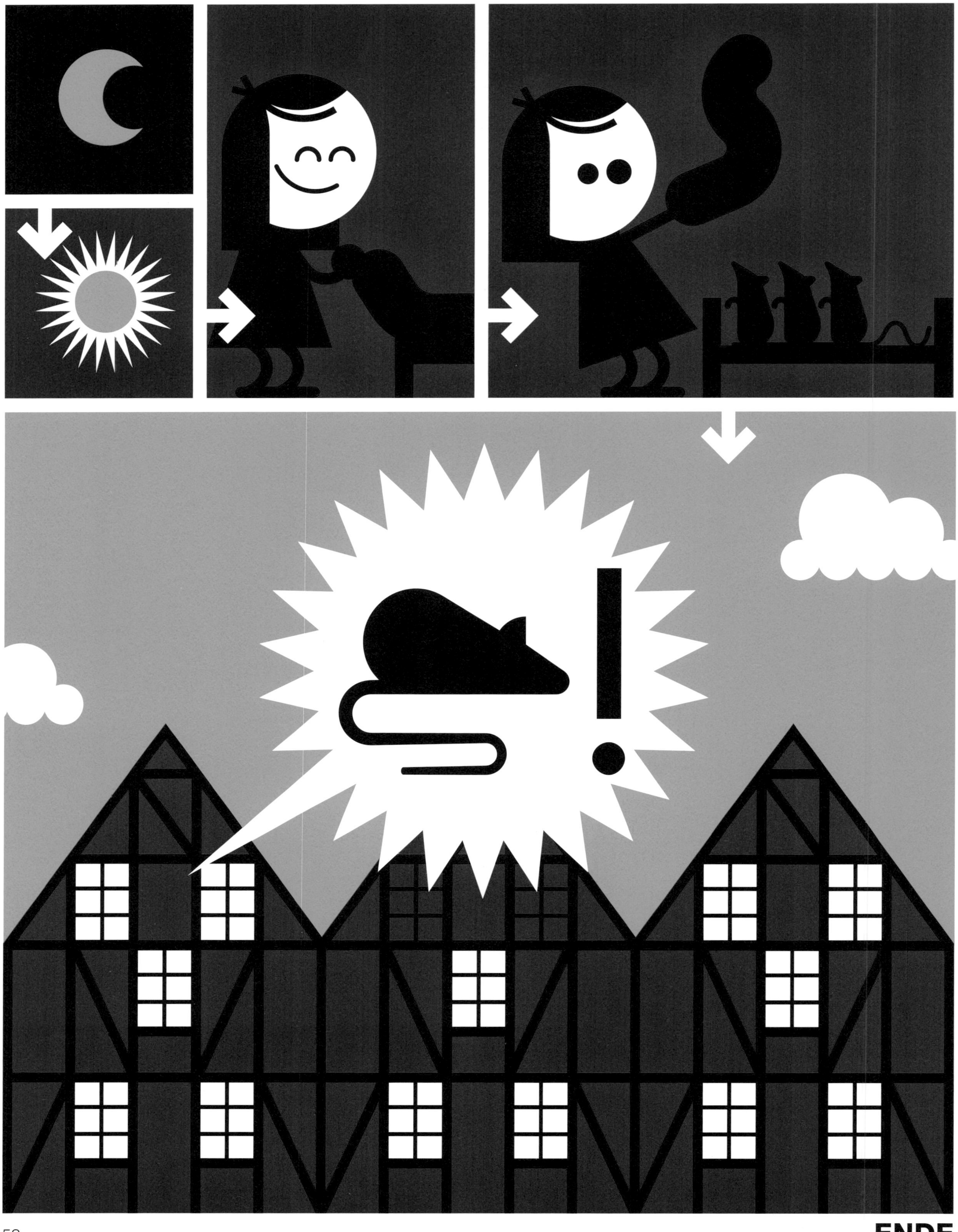

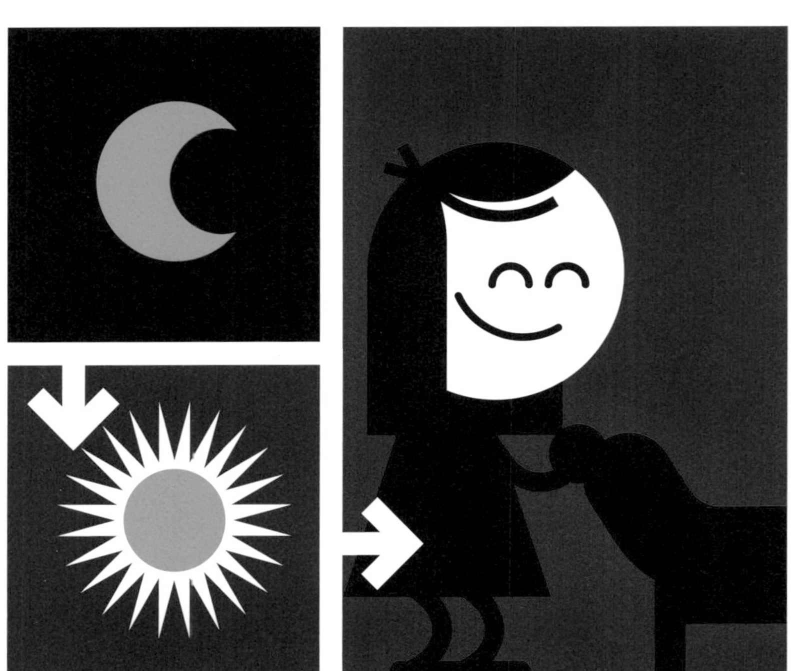

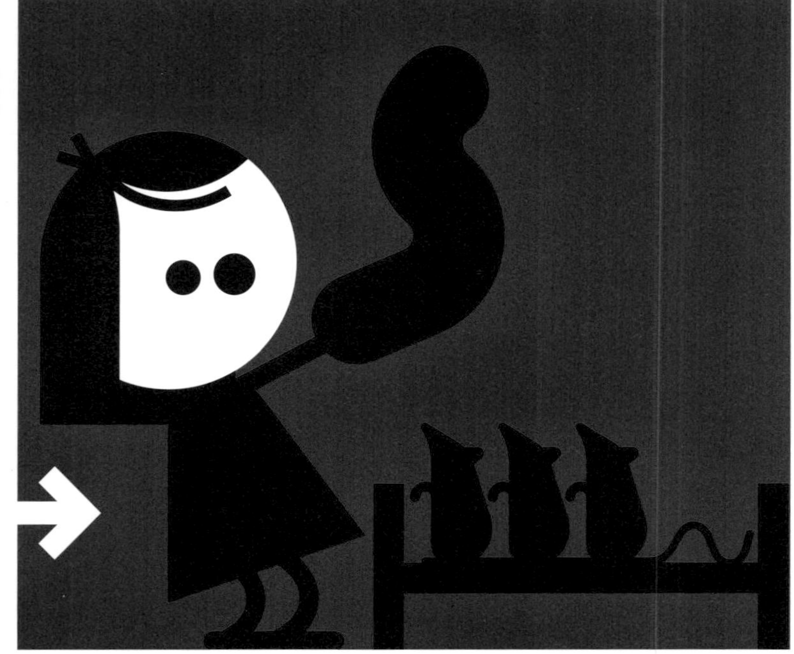

ENDE

Tarzan

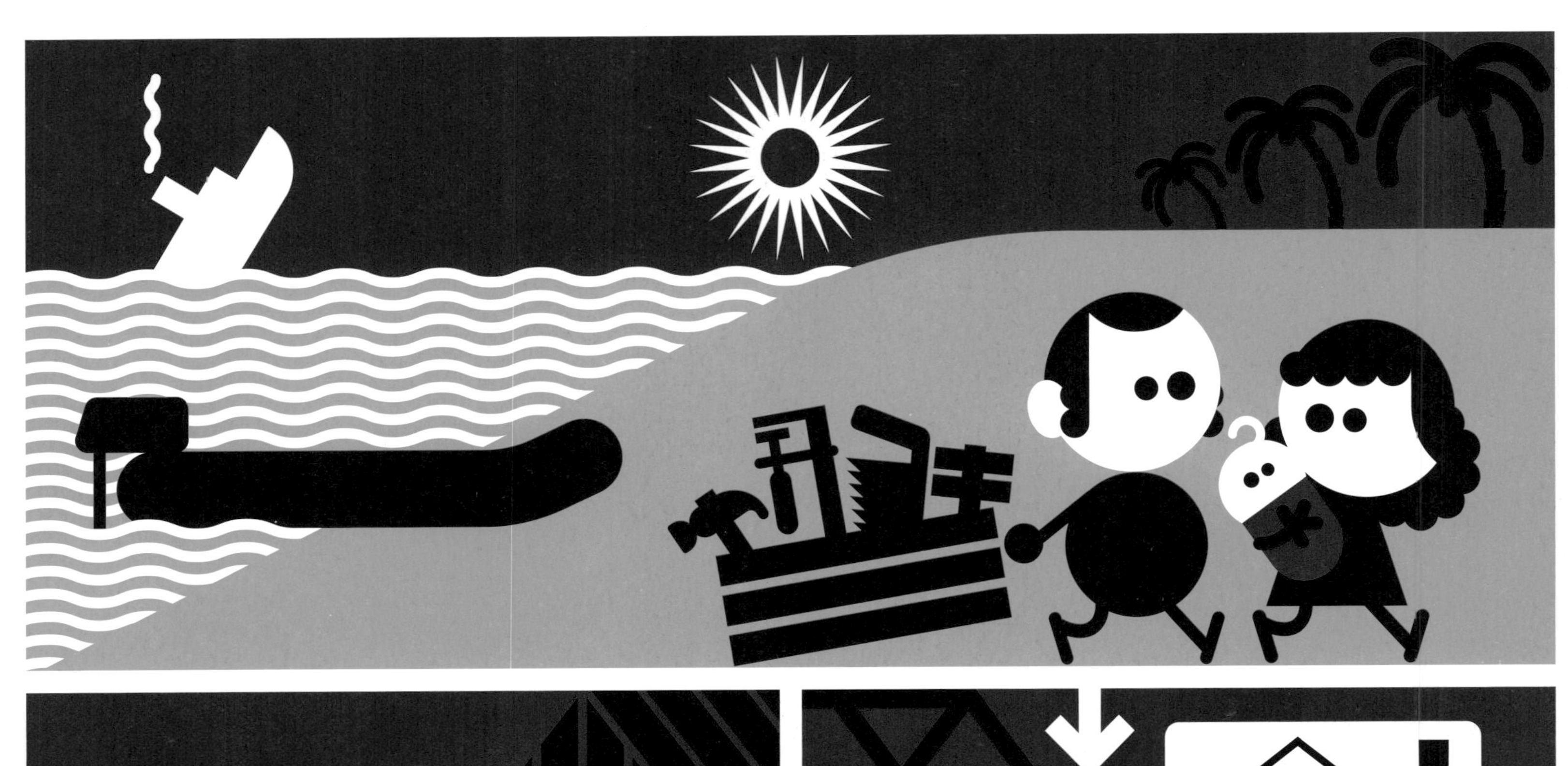
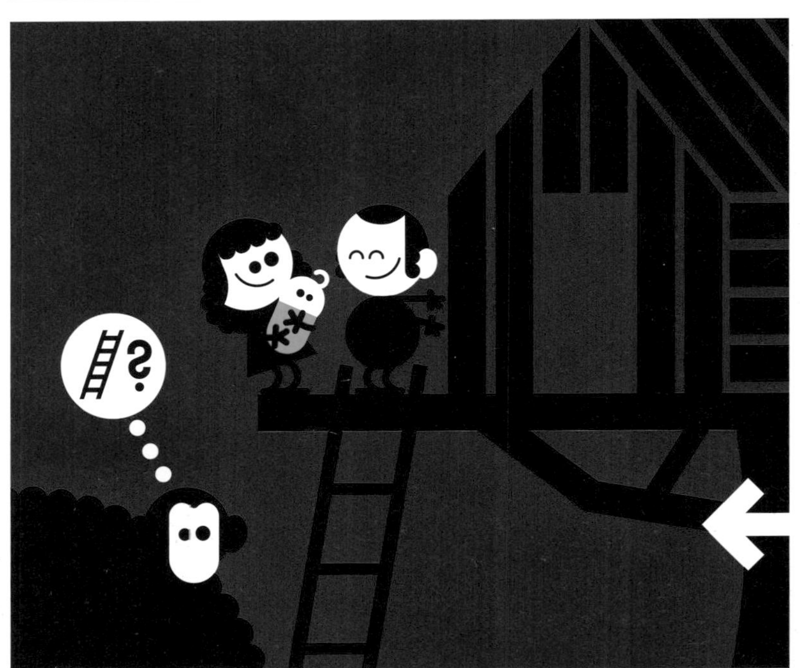
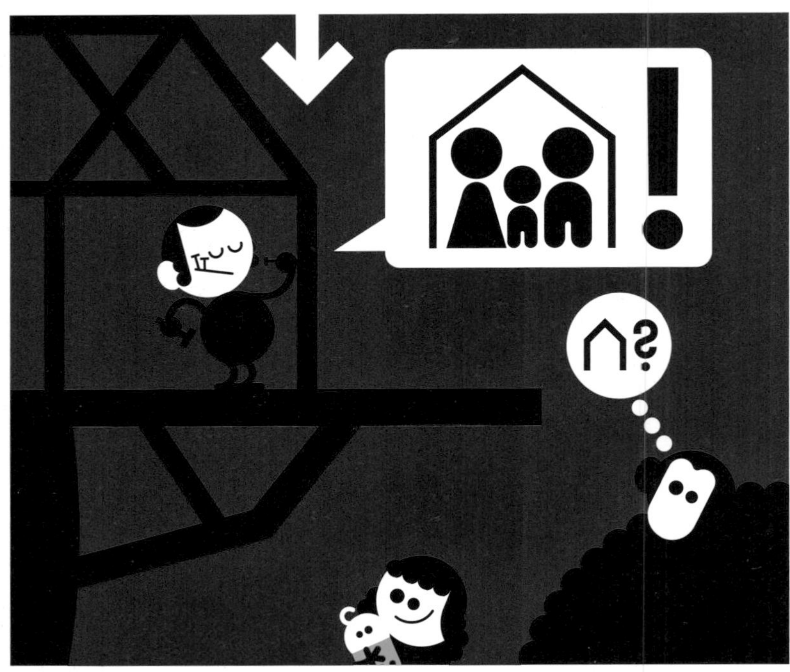
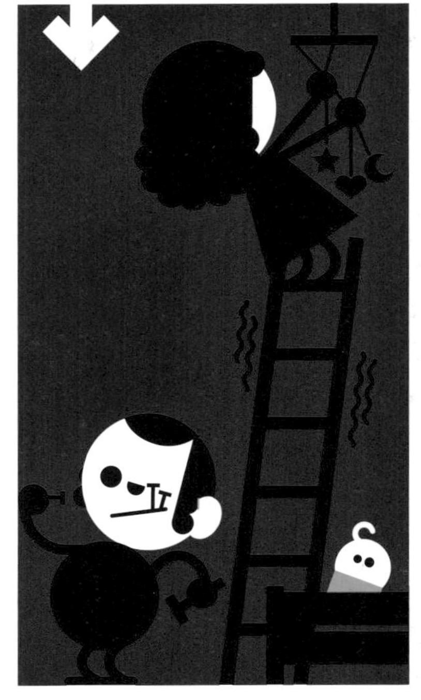
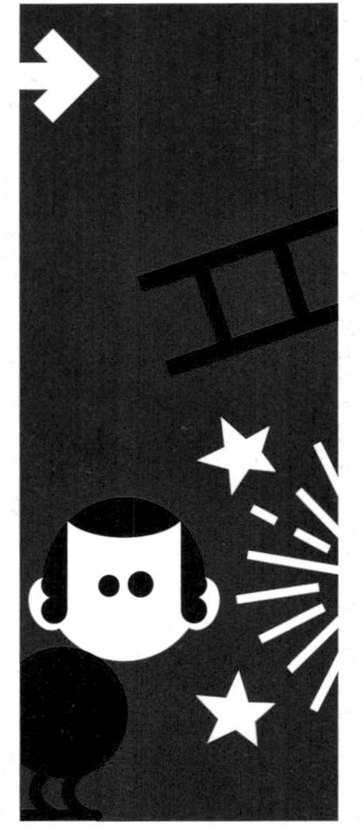
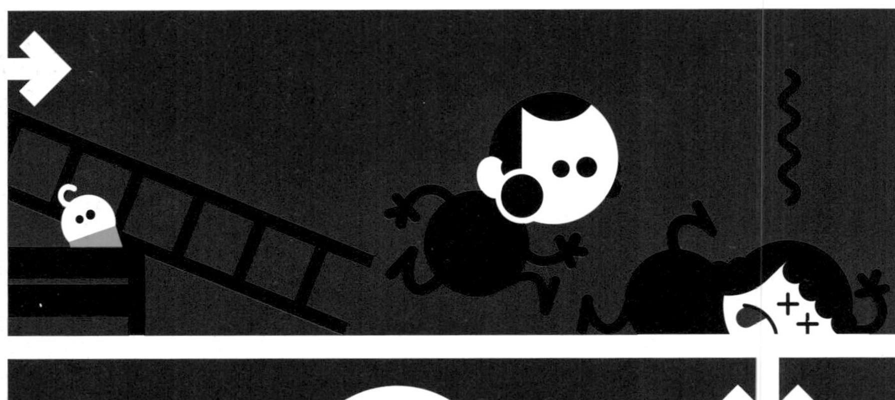
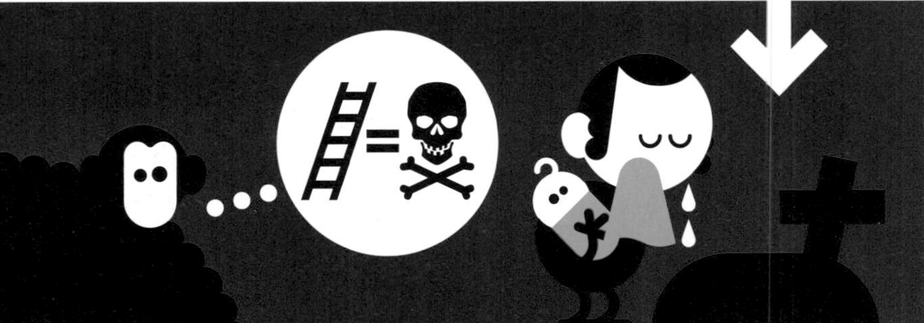

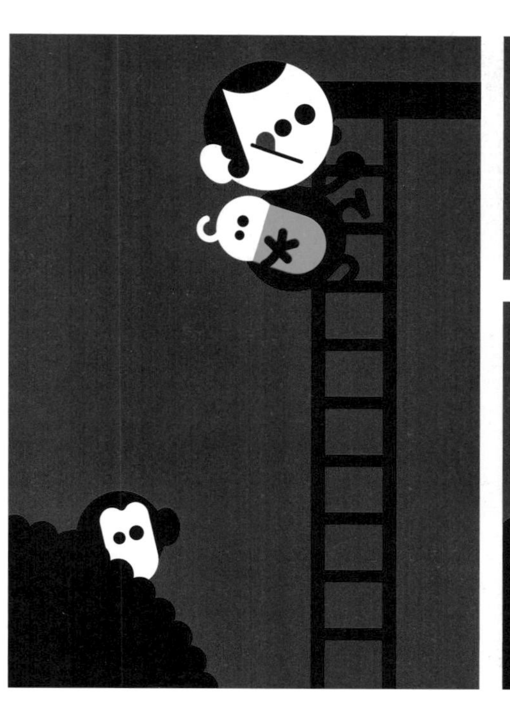
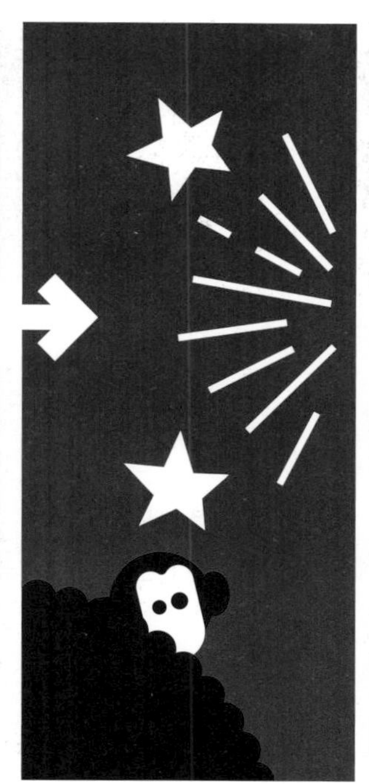

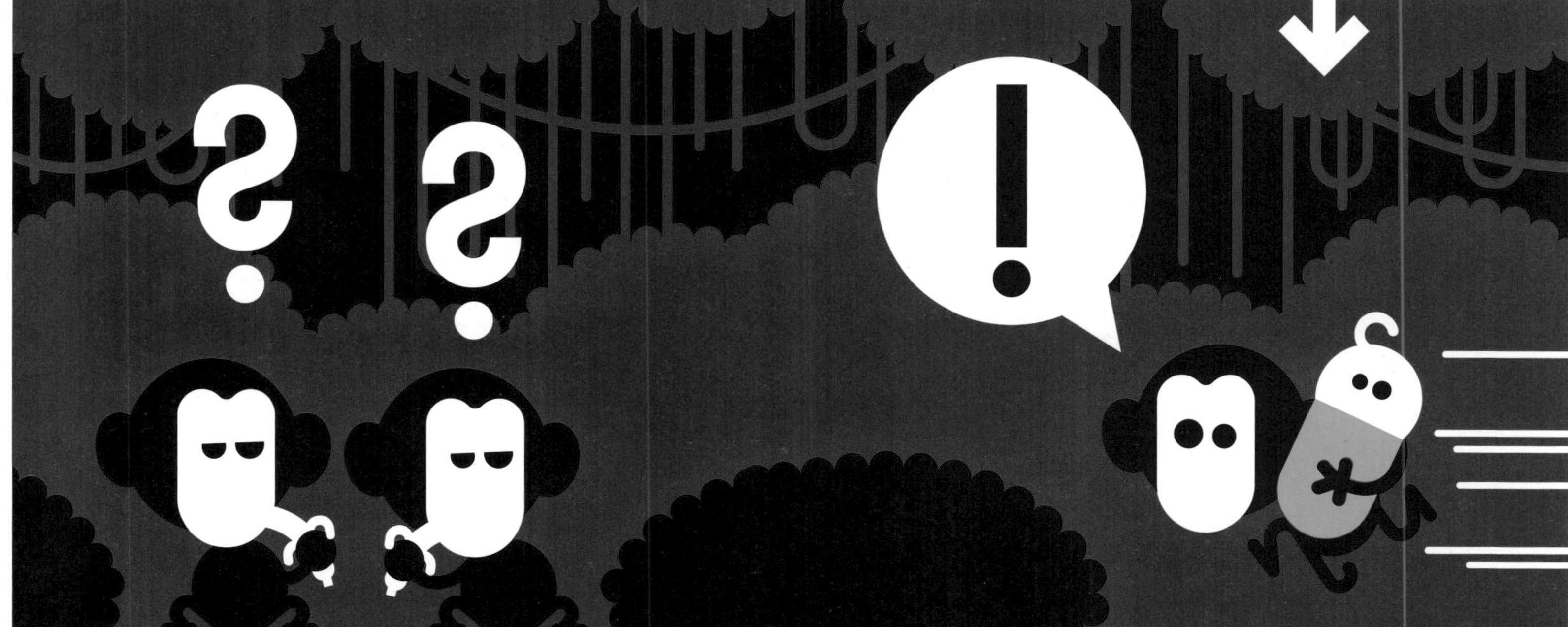
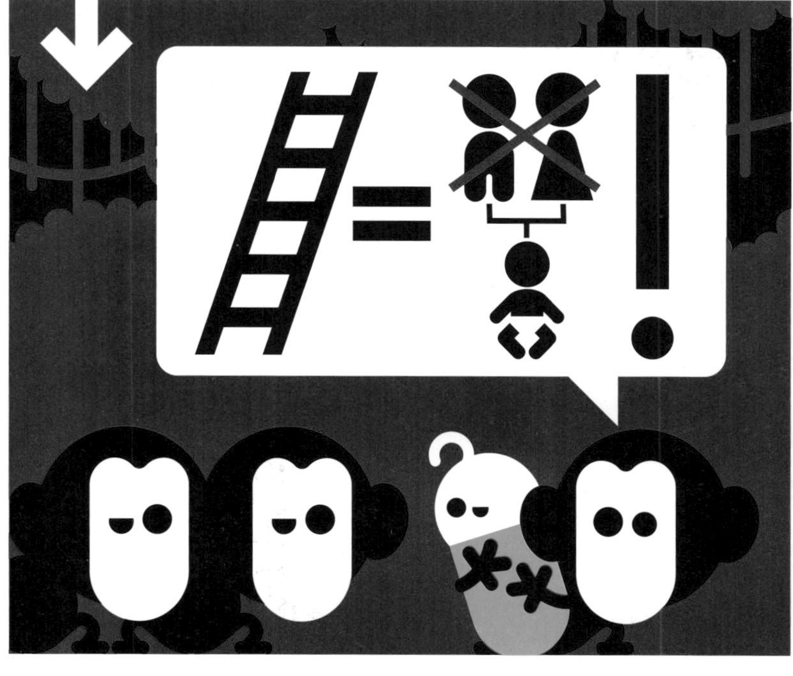
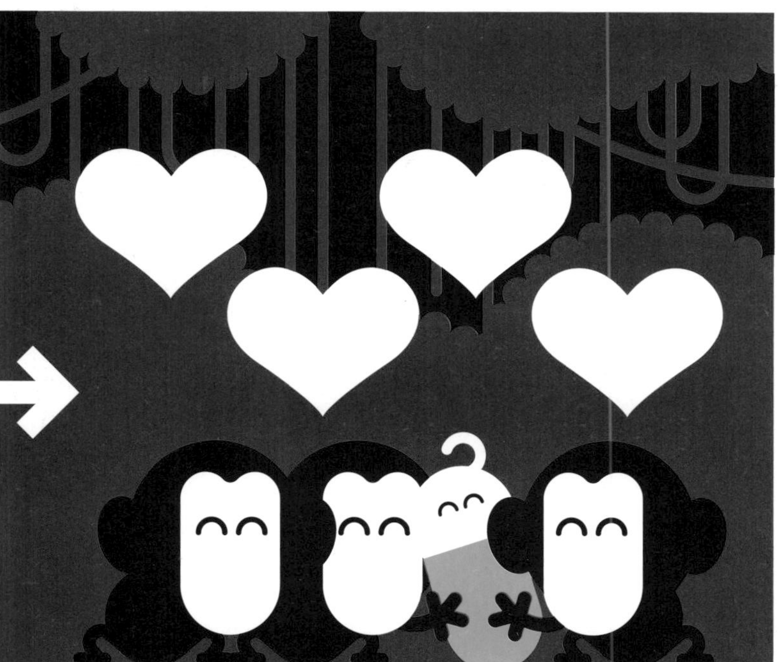

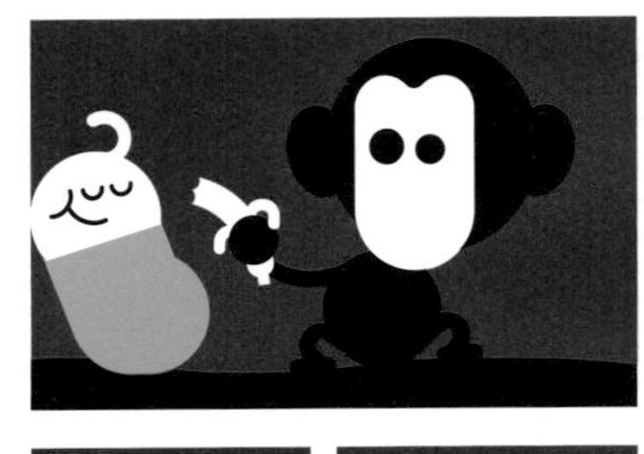
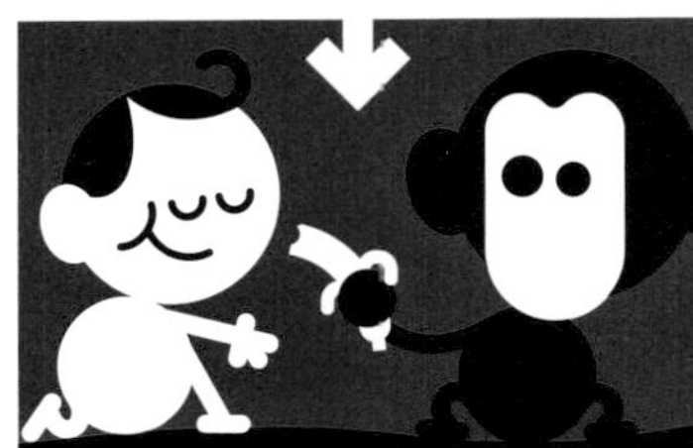
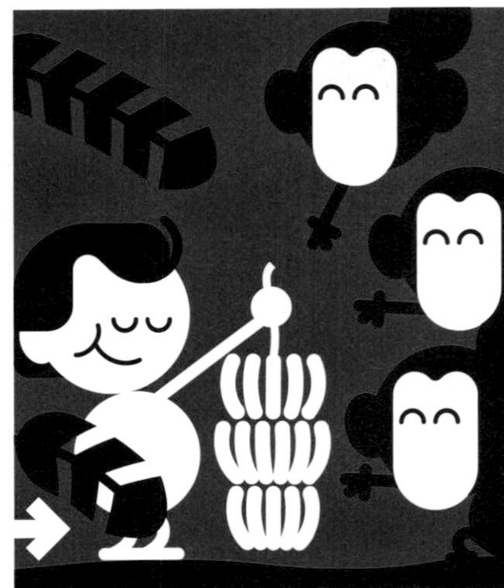
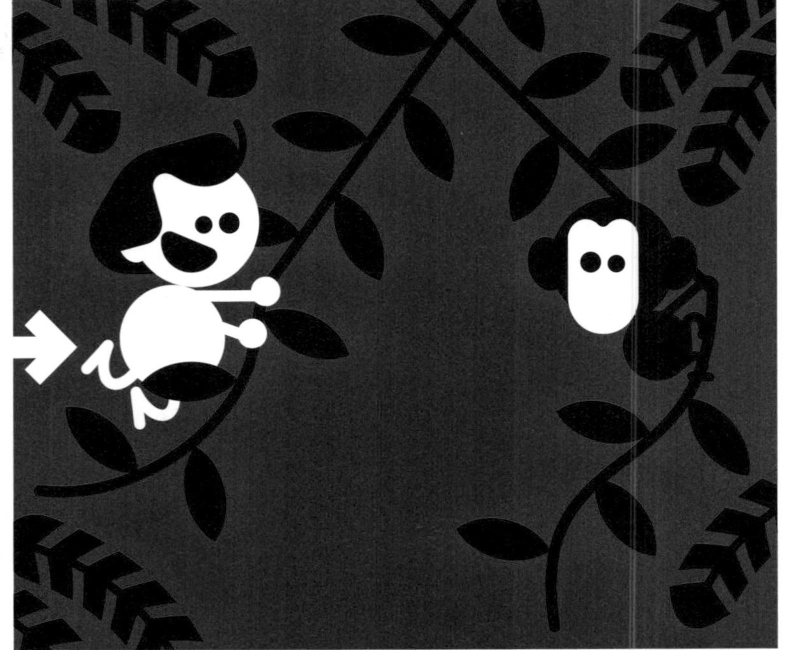
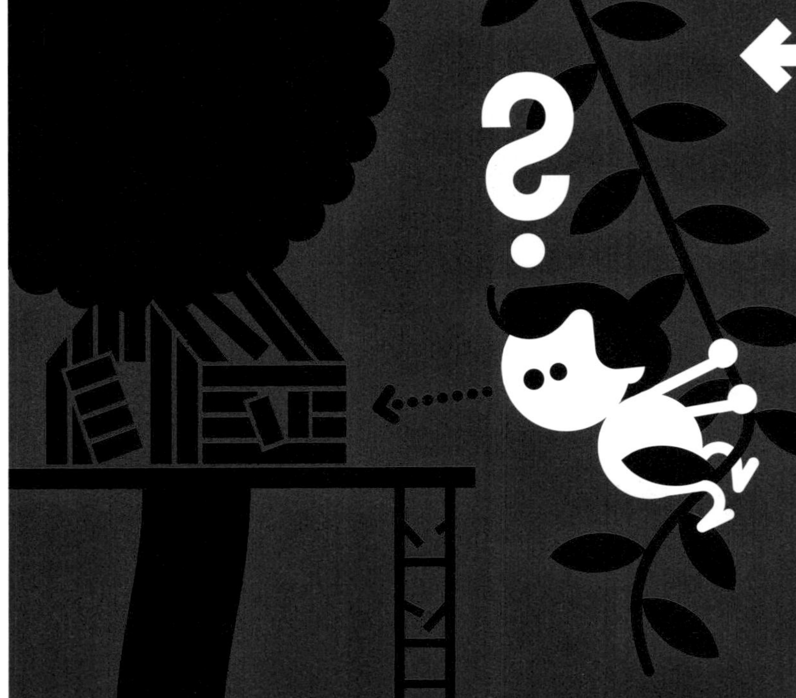
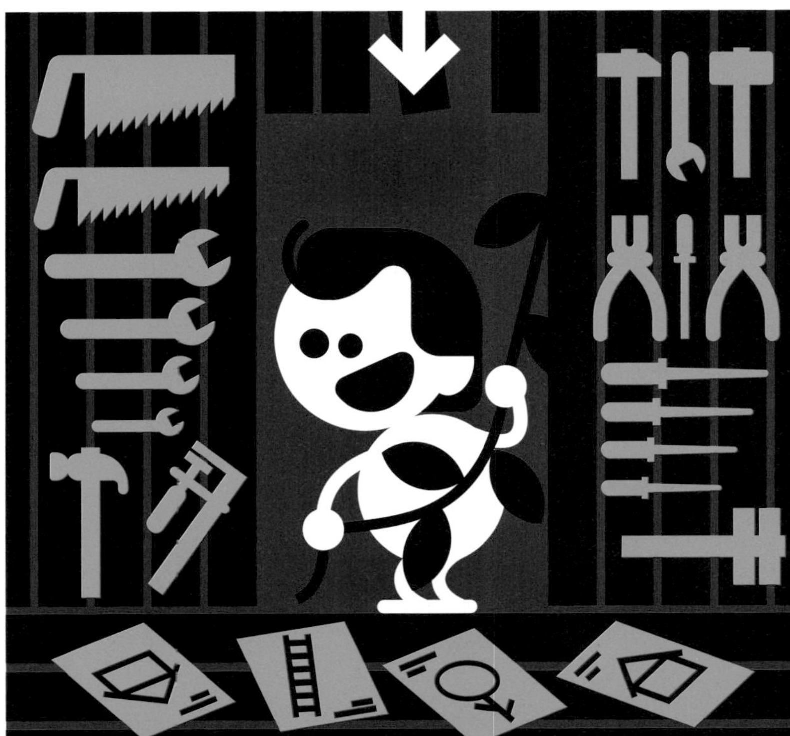
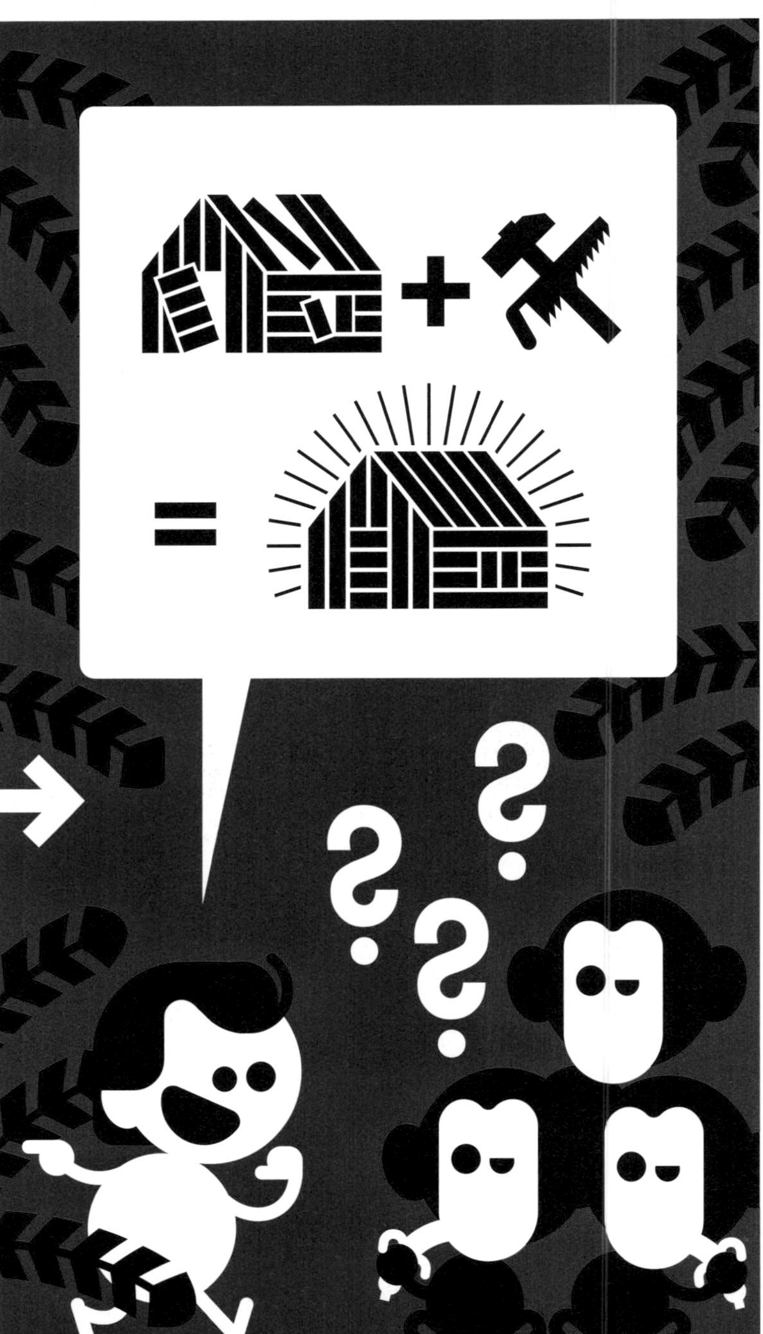

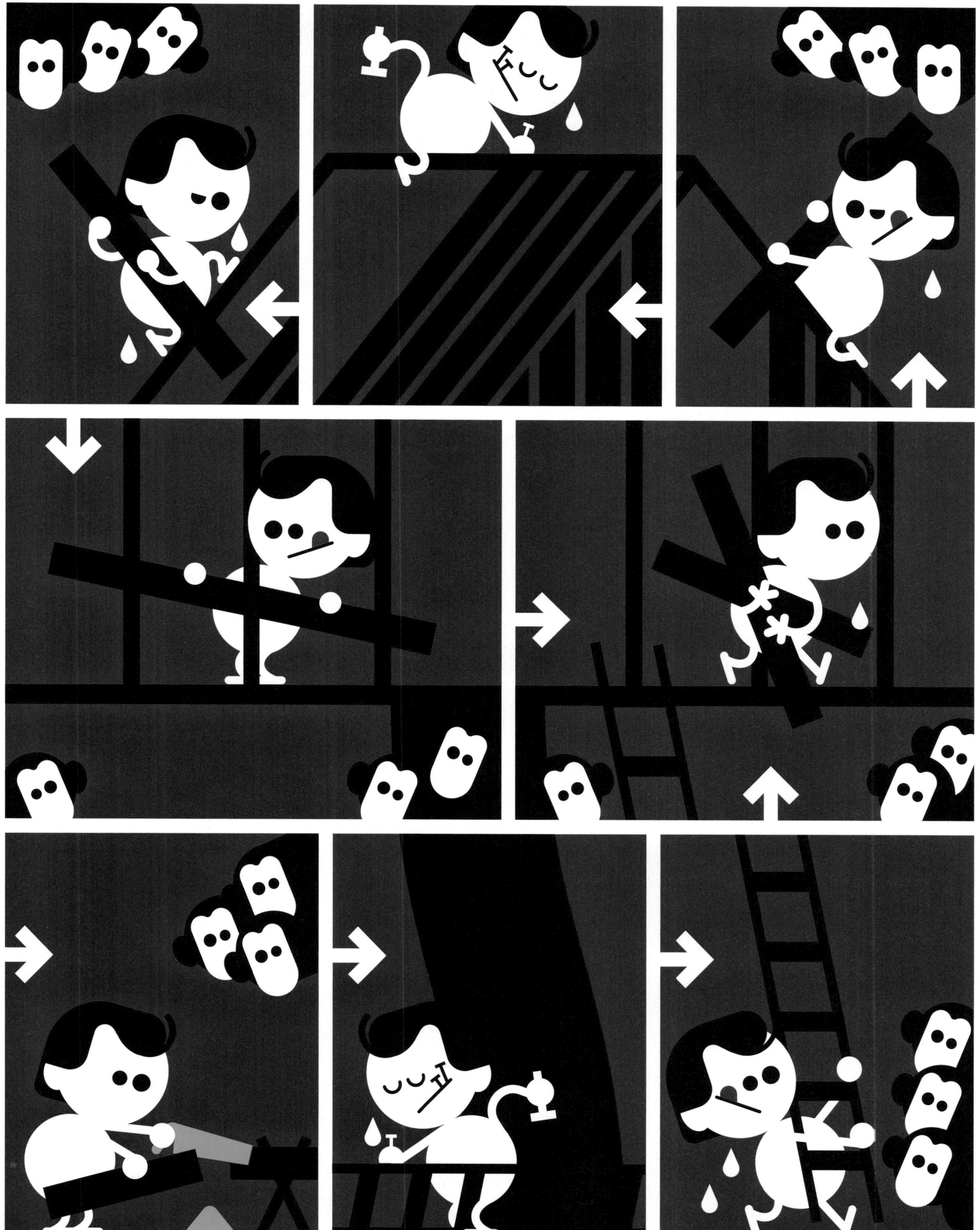

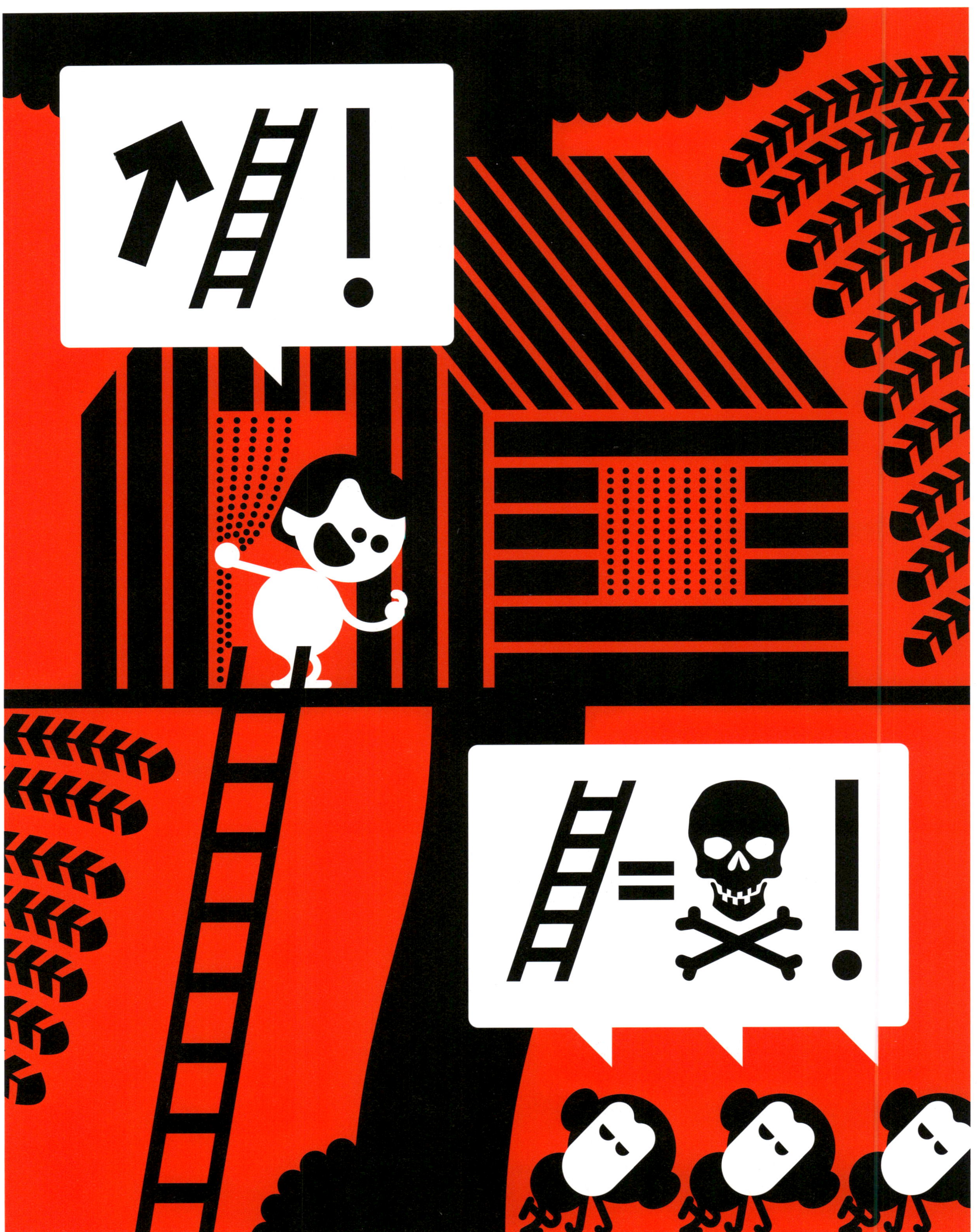

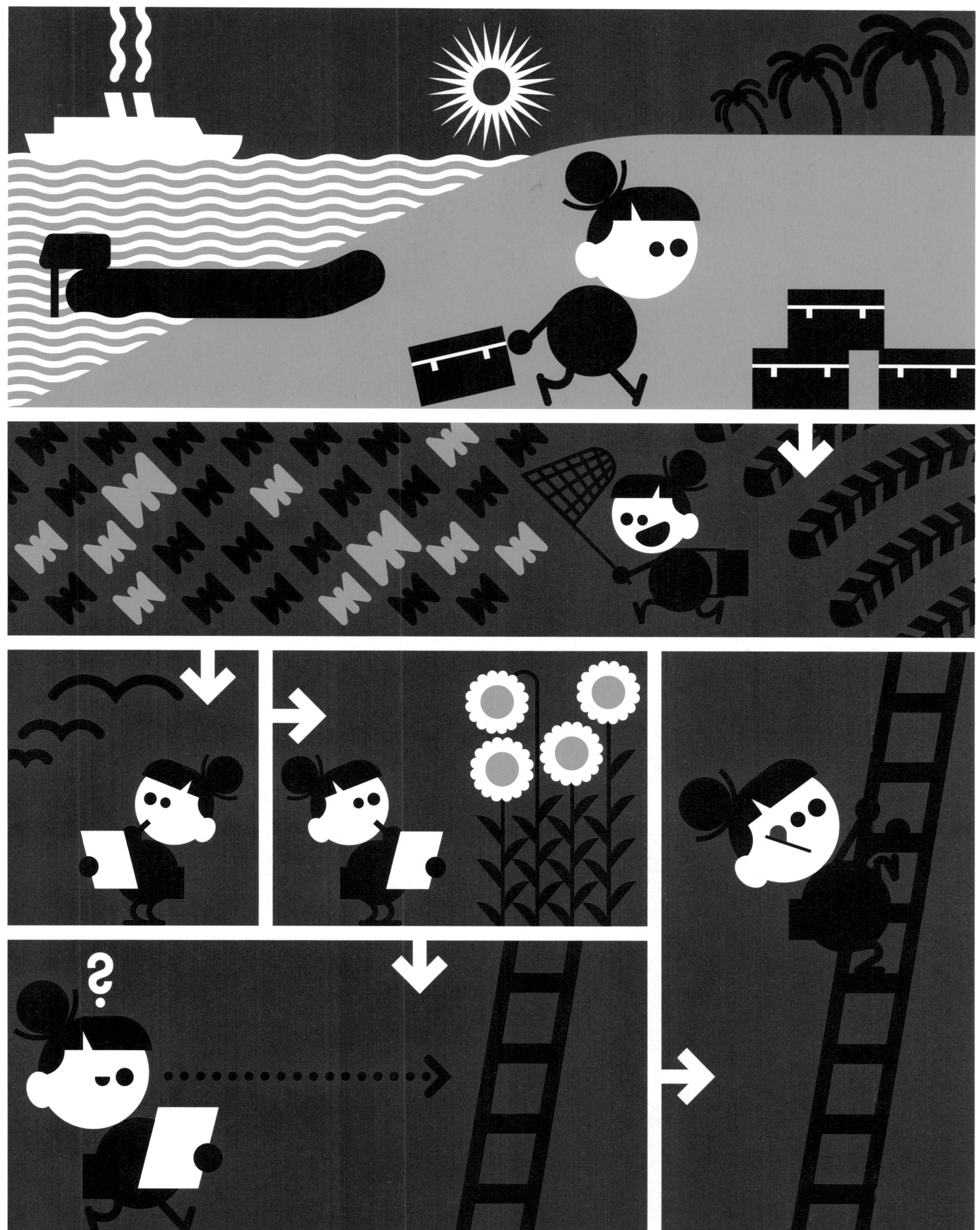

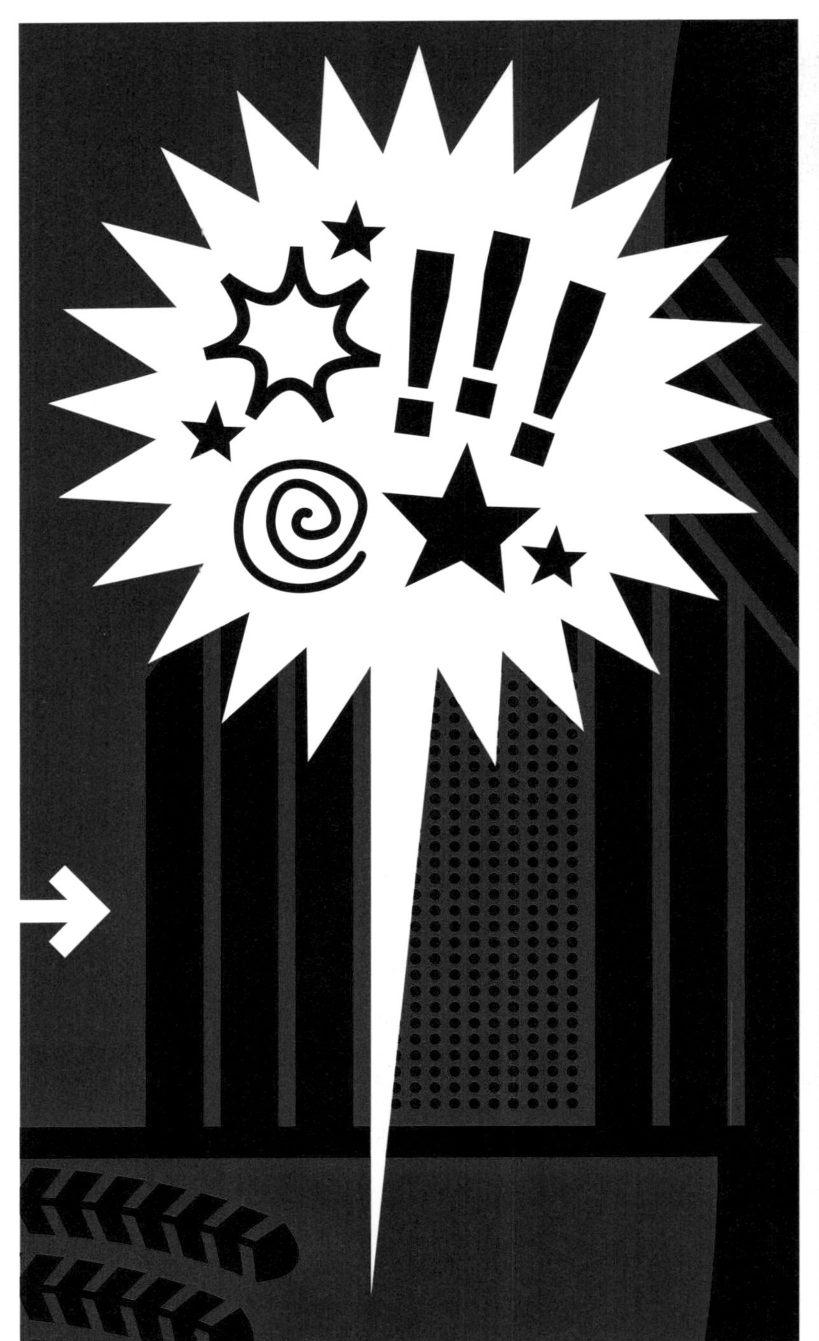

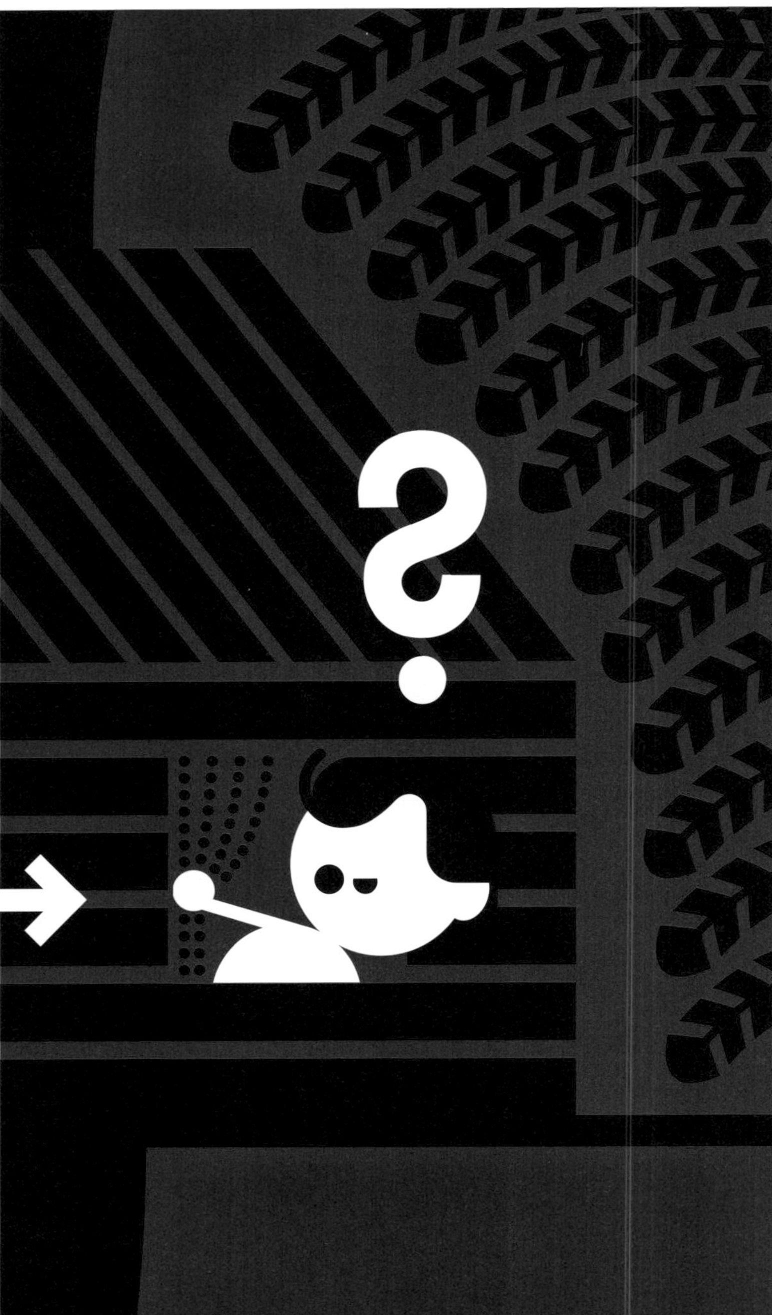

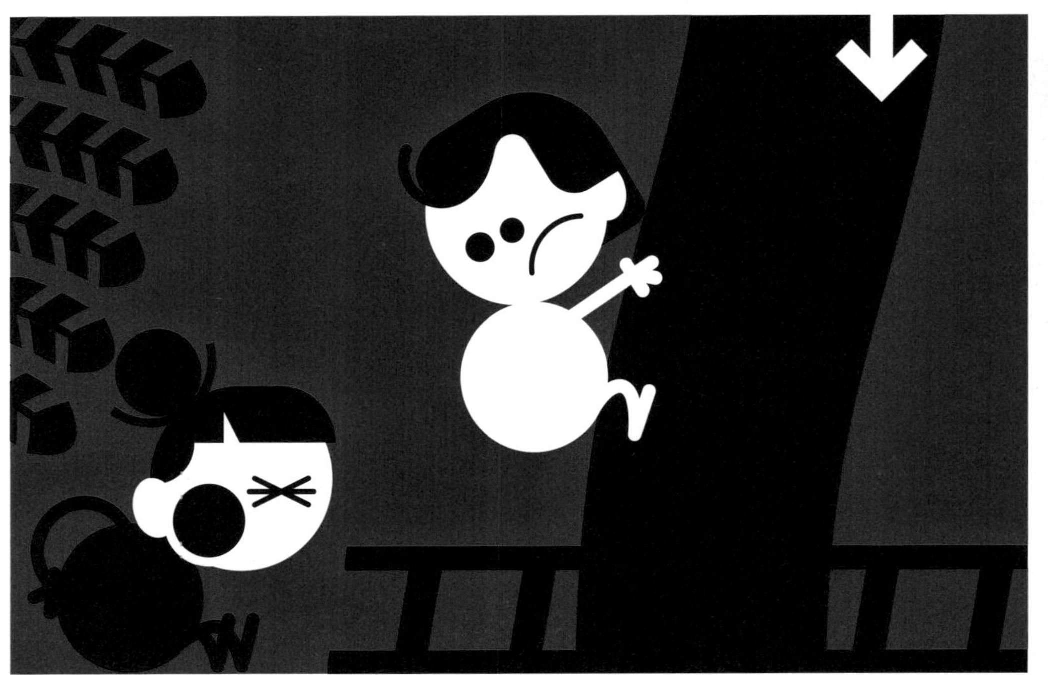

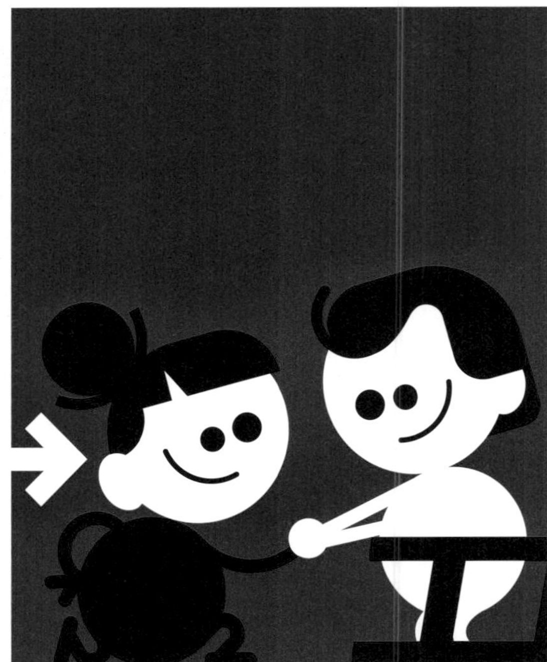

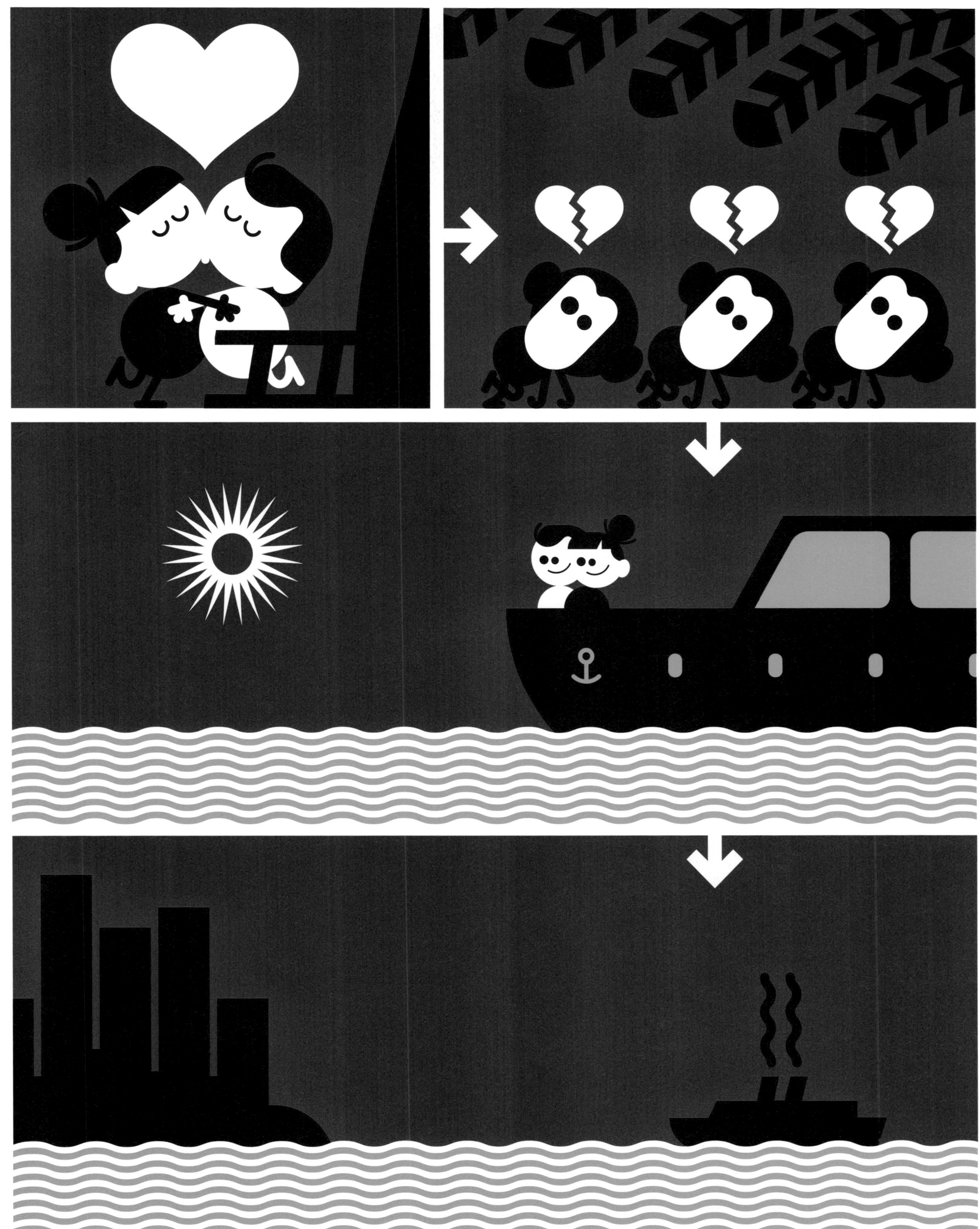

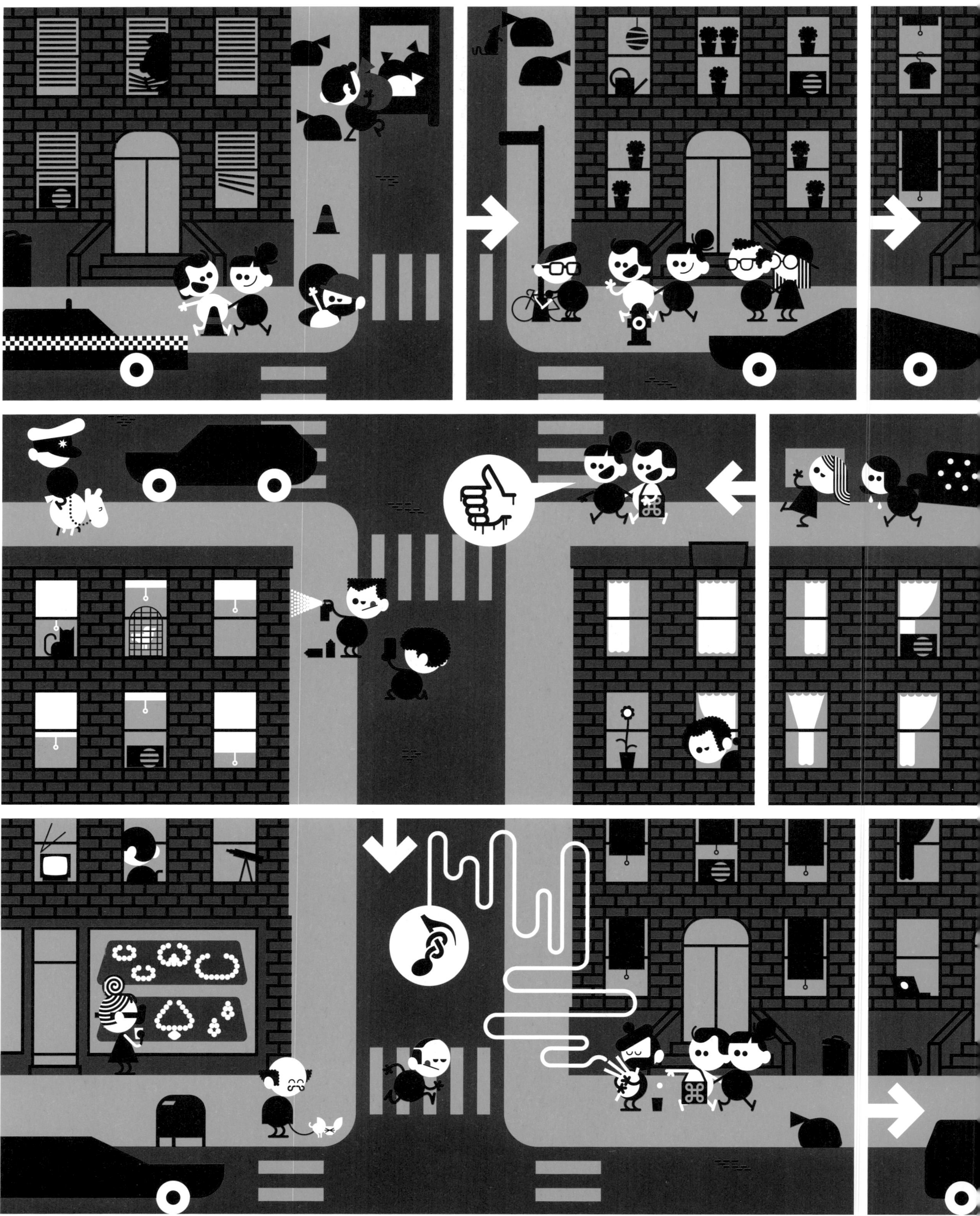

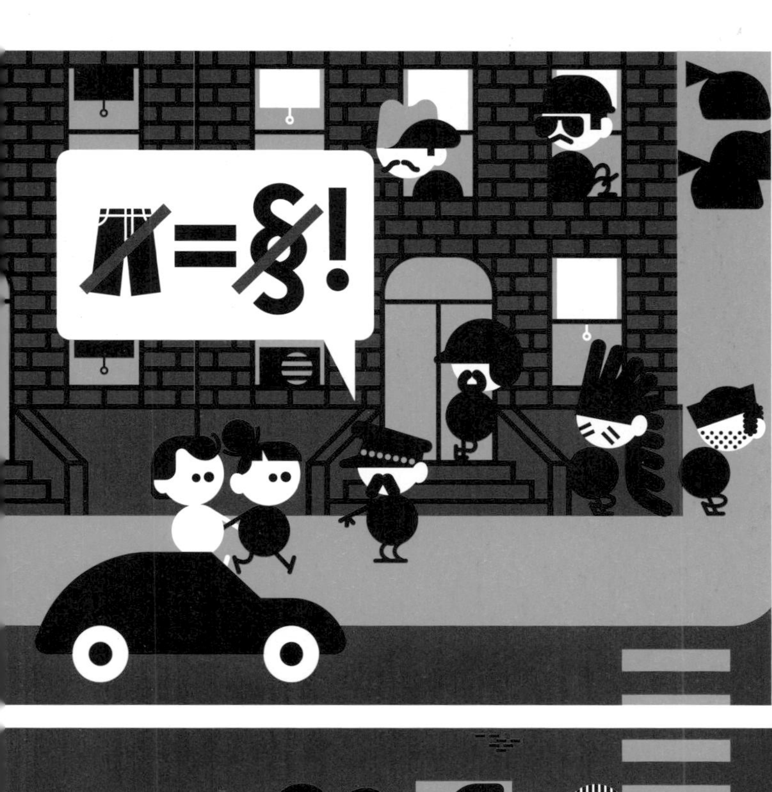

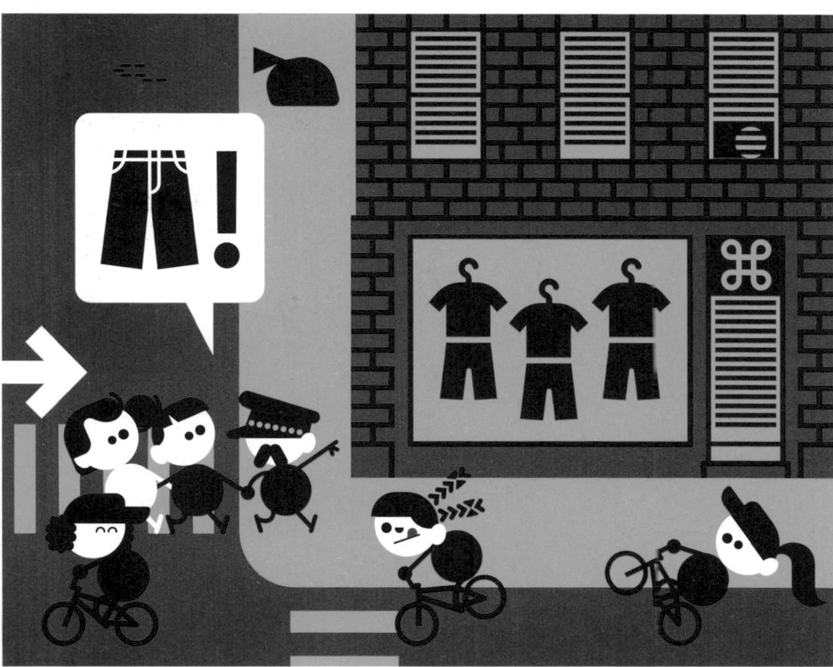

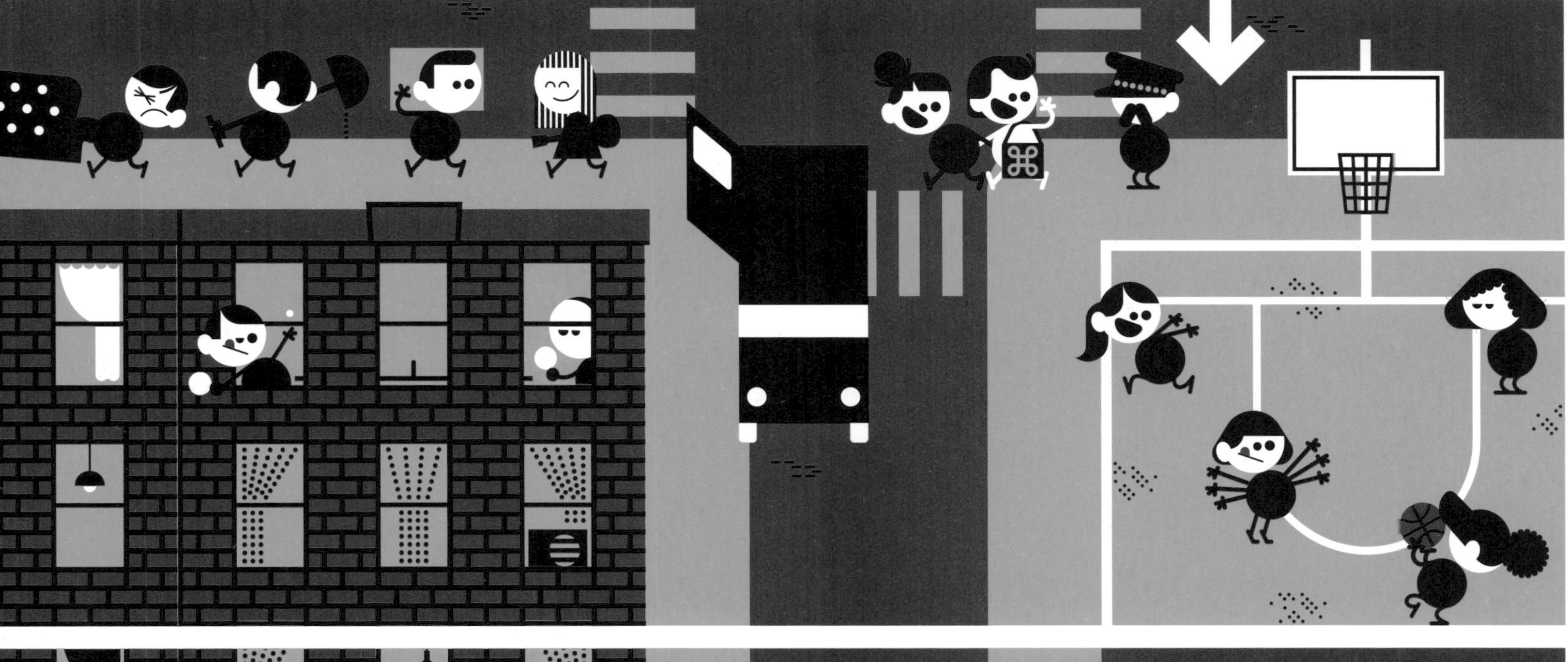
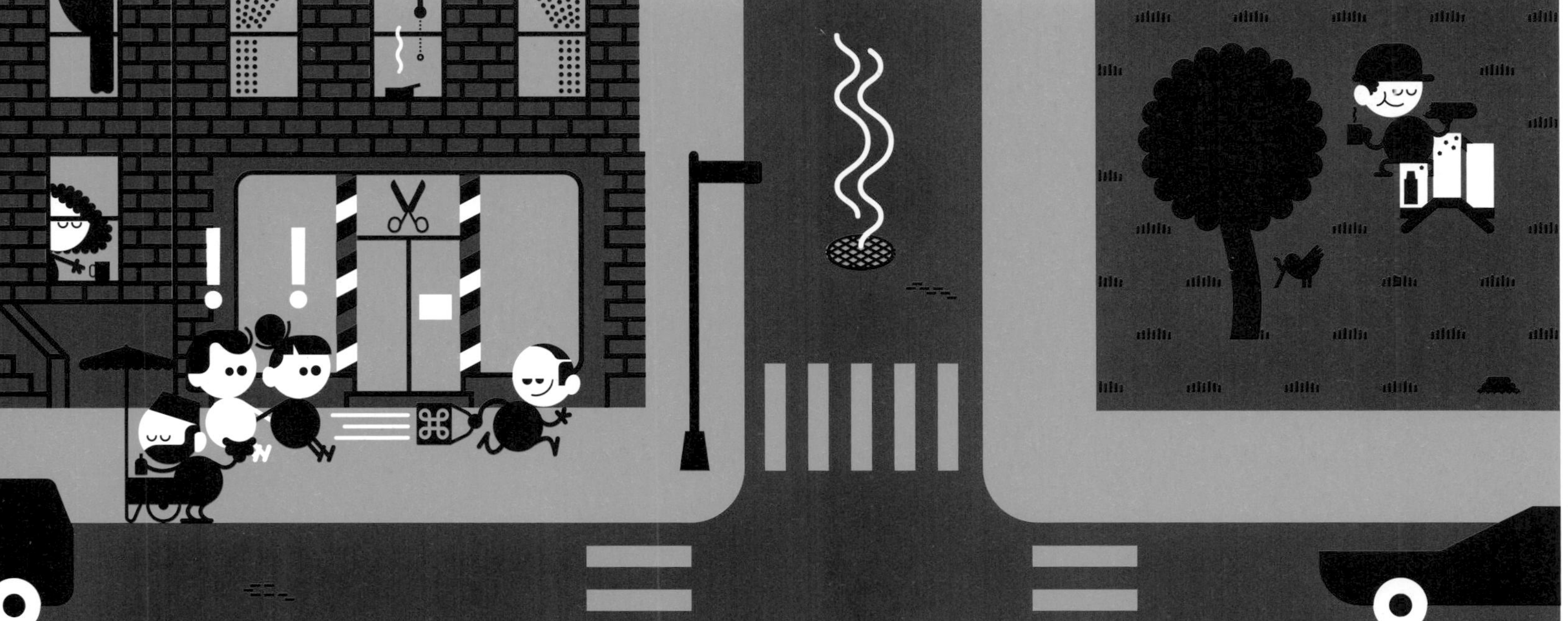

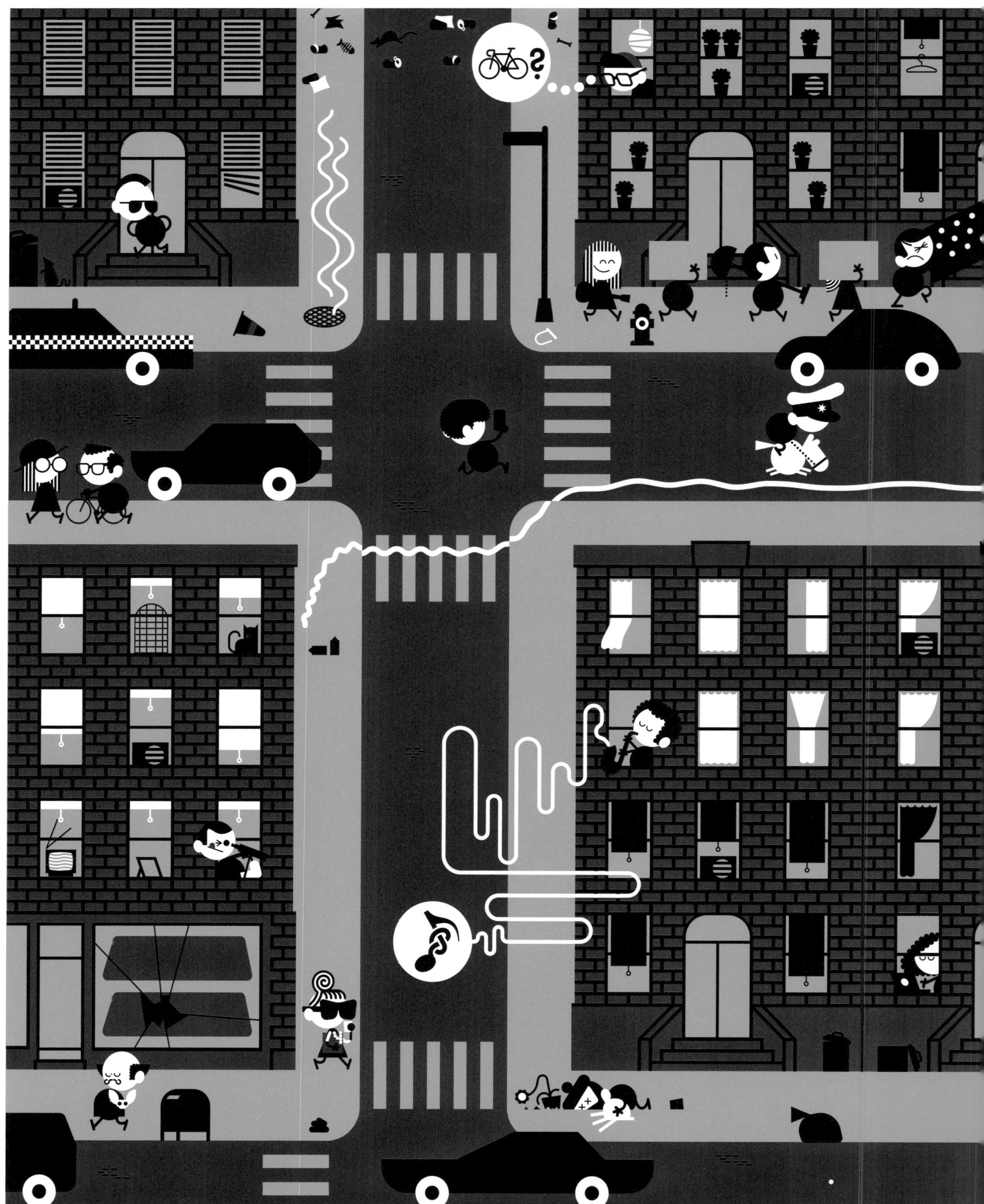

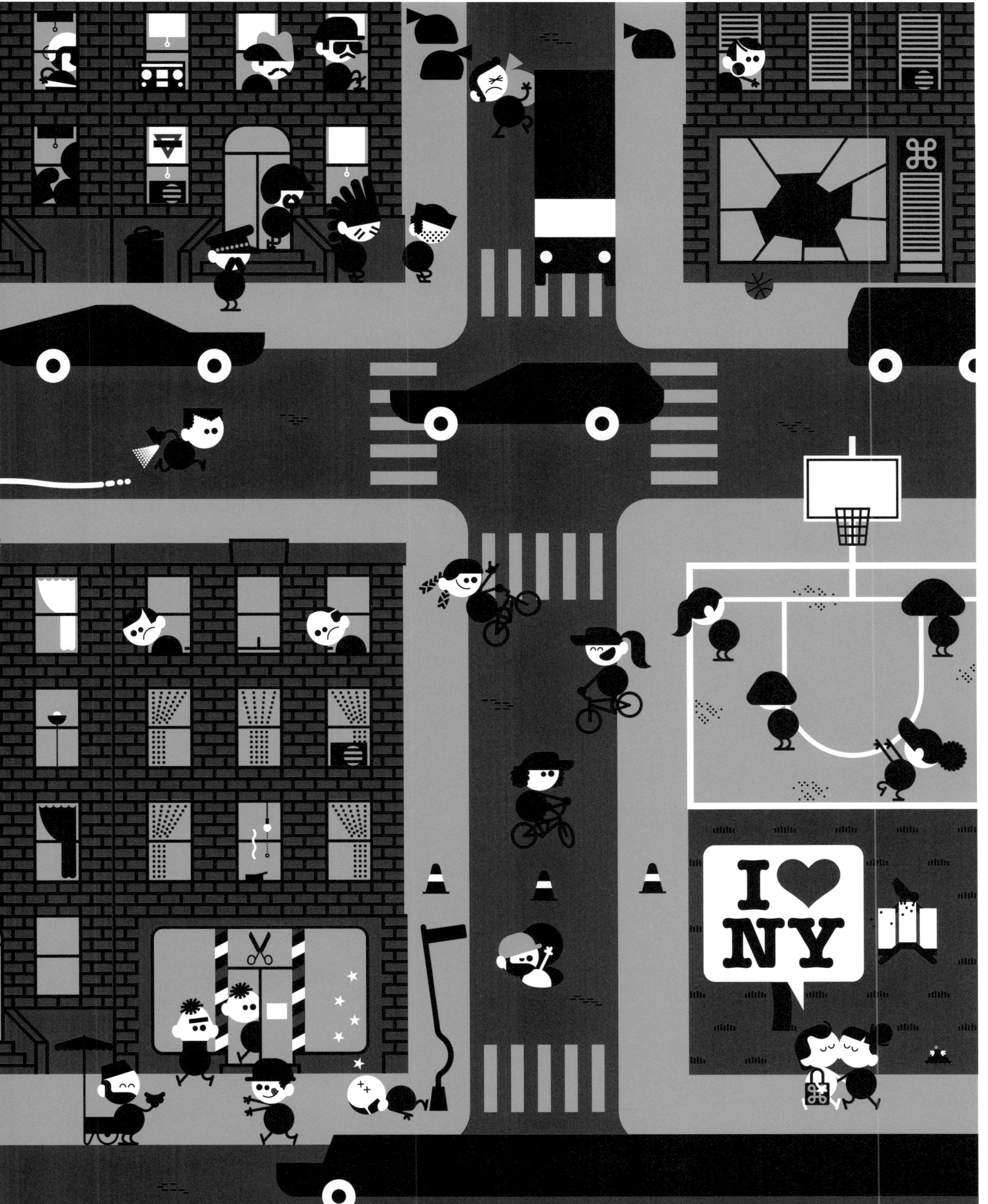
I ♥ NY

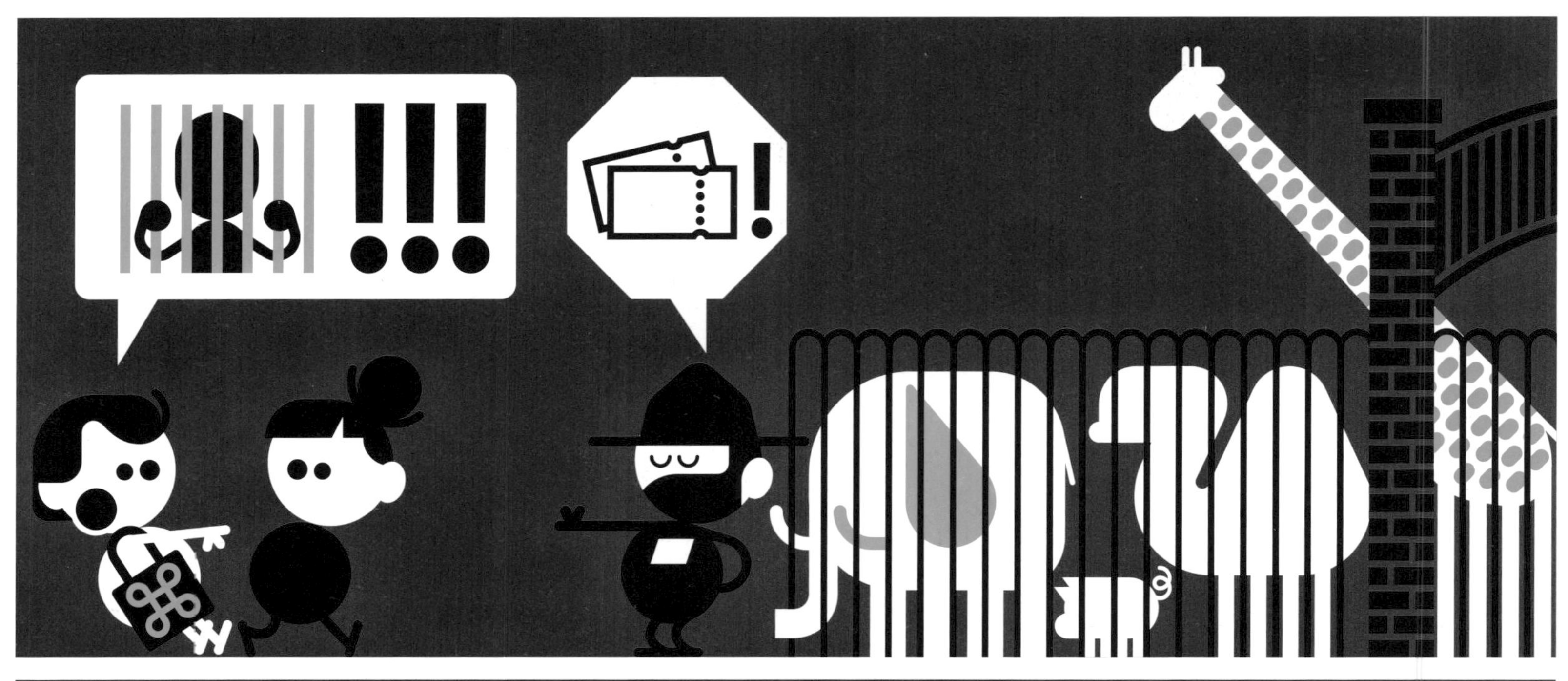

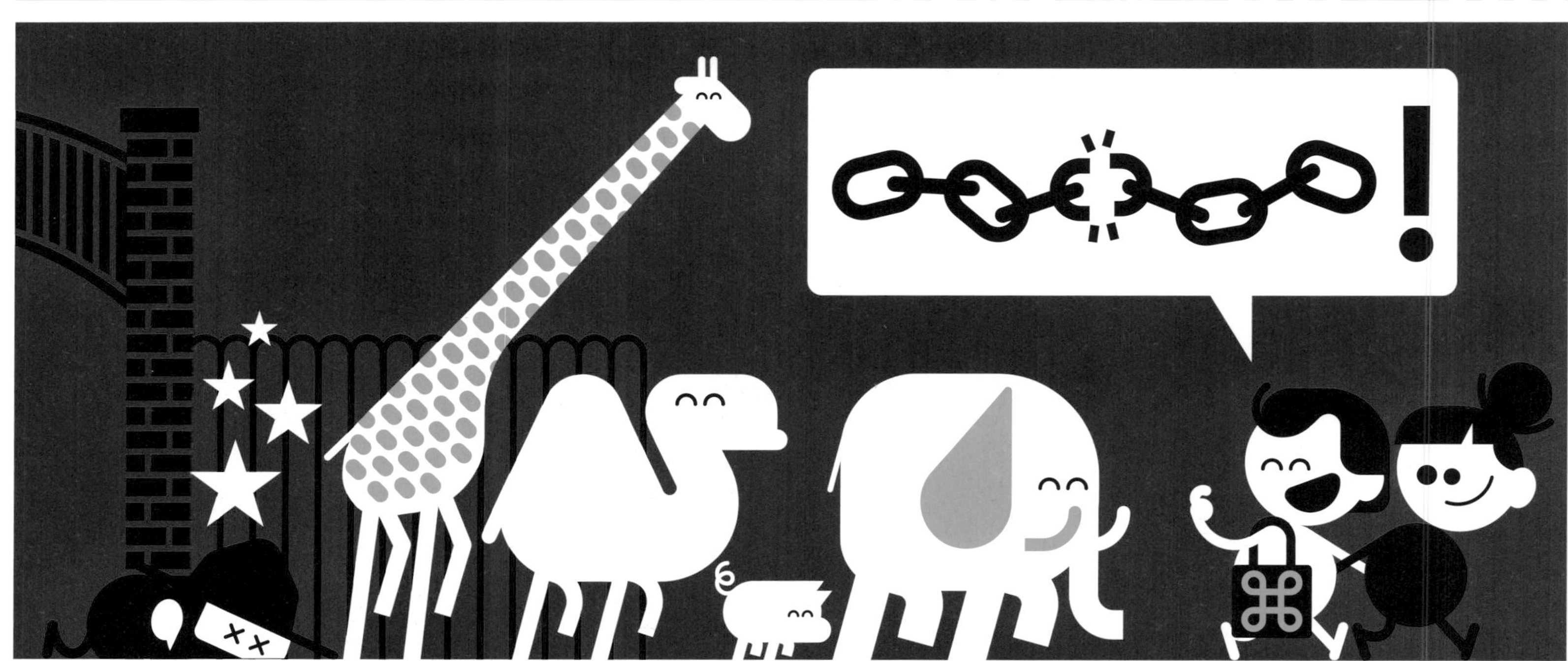

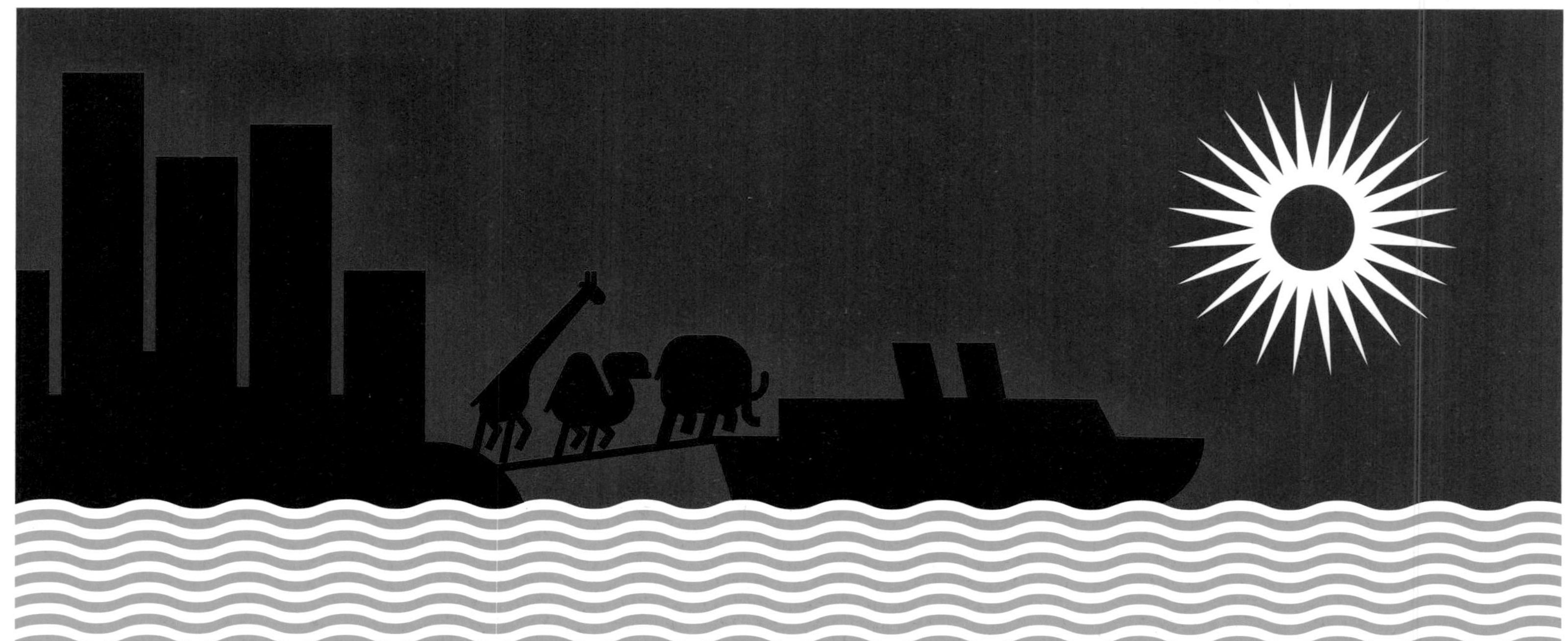

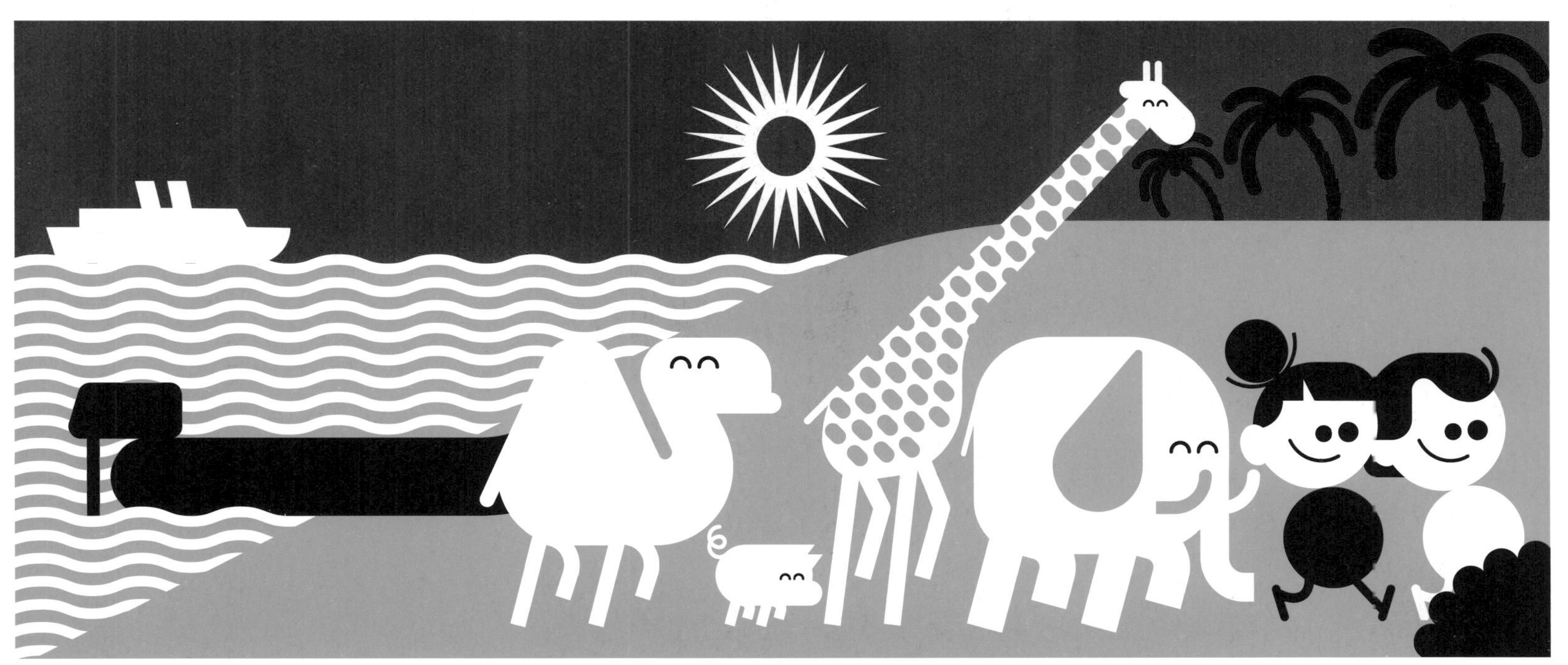

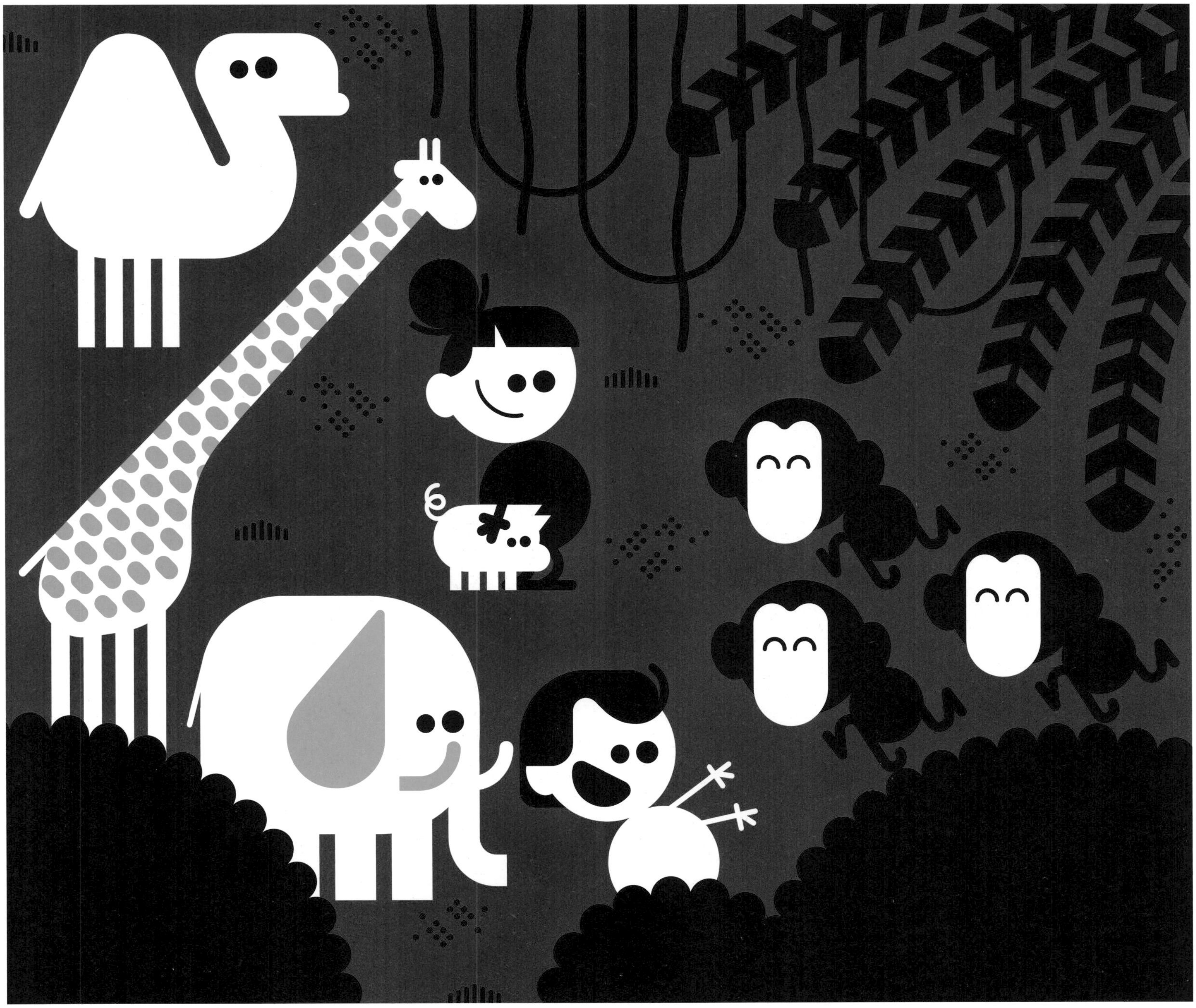

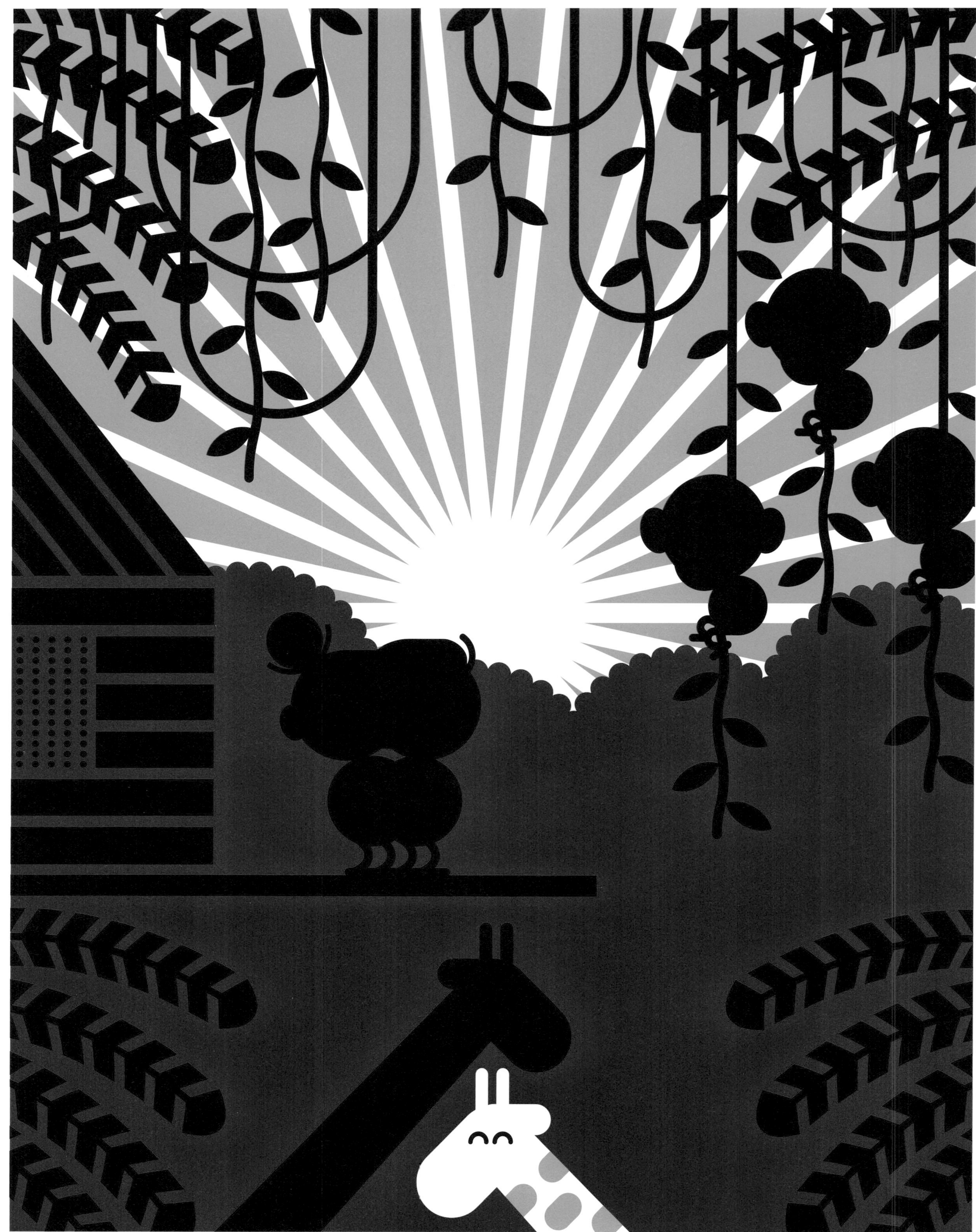

ENDE